TINA ROBBINS

# COMO ENLOUQUECER UM HOMEM NA CAMA



São Paulo
2012

UNIVERSO DOS LIVROS

*Técnicas avanzadas para volver loco a tu hombre en la cama*
© 2006 by Editorial Océano, S.L., 2006



Diretor editorial: **Luis Matos**
Editora-chefe: **Marcia Batista**
Assistentes editoriais: **Bóris Fatigati, Raíça Augusto** e **Raquel Nakasone**
Tradução: **Fernanda Batista**
Preparação: **Camila Bazzoni**
Revisão: **Arthur de Oliveira**
Arte: **Camila Kodaira** e **Karine Barbosa**
Capa: **Zuleika Iamashita**

1ª edição 2012
1ª reimpressão

Dados Internacionais de Catalogação na Publicação (CIP)
(Câmara Brasileira do Livro, SP, Brasil)

---

R637c Robbins, Tina.

Como enlouquecer um homem na cama / Tina Robbins; [tradução de Fernanda Batista]. – São Paulo : Universo dos Livros, 2012.

156 p.

Tradução de: Técnicas avanzadas para volver loco a tu hombre en la cama

ISBN 978-85-7930-316-6

1. Sexo. 2. Relacionamentos. 3. Fantasias sexuais.
I. Título.

CDD 613.96

---

Universo dos Livros Editora Ltda.
Rua do Bosque, 1589 – Bloco 2 – Conj. 603/606
CEP 01136-001 – Barra Funda – São Paulo/SP
Telefone/Fax: (11) 3392-3336
www.universodoslivros.com.br
e-mail: editor@universodoslivros.com.br
Siga-nos no Twitter: @univdoslivros

# Sumário

# Introdução

Quando meu editor me propôs, de forma séria, escrever uma terceira edição de *Como enlouquecer um homem na cama*, pensei que ele é que estava ficando louco. Nos meus livros anteriores, já abordei exaustivamente o tema, explicando todas as técnicas sexuais para despertar a paixão num homem – técnicas essas que havia compilado durante anos de experiências próprias e de mulheres de todo o mundo. Realmente, será que eu teria algo a mais para dizer? A boa reação dos meus leitores e a tradução da minha obra para diversos idiomas era uma grande responsabilidade; o novo livro poderia resultar repetitivo e frustrante. Dessa forma, pedi um tempo para pensar sobre o assunto.

Passados alguns meses, após experimentar uma revelação sexual ao conhecer Armando, chamei entusiasmada o meu editor e aceitei o desafio.

Conheci Armando depois de um esgotante giro pela América do Sul promovendo meu último livro: *Orgasmo en cinco minutos* (título não publicado no Brasil). Armando é fotógrafo, trabalha numa renomada revista feminina e lhe deram a difícil tarefa de fazer uma reportagem fotográfica comigo.

Sempre concedo entrevistas de forma tranquila, mas a imagem para mim é sagrada: mesmo não sendo uma pessoa tímida, reservo minha intimidade como se fosse um tesouro. Sempre adorei passear por aí, observar as pessoas sem chamar atenção e nunca quis ser uma pessoa pública. Ainda assim, sua voz viril ao telefone me cativou e fui ao seu estúdio sem saber muito bem o porquê... Quando o vi, pensei que sua voz não tinha feito justiça a um homem tão atraente e de trato tão singular. Expliquei-lhe o motivo de não querer fazer as fotos e, longe de se irritar, ele me presenteou com um compreensivo sorriso e me convidou para um café a fim de continuar o papo.

Foi amor à primeira vista. Depois do café, saímos para jantar e, então, para dançar... E mais tarde, nessa mesma noite, tivemos nossa primeira transa numa praia deserta sob as estrelas. Passados alguns dias, ele me convidou novamente para ir a seu estúdio, onde de forma suave e apaixonada tirou meu sapato, começou a acariciar meu pé e sussurrou: "Foi muito excitante a forma e a segurança com que se entregou para mim naquela noite". E deslizando seus dedos até minha coxa, me olhou fixamente nos olhos, como se quisesse fazer uma foto instantânea, e sussurrou com uma voz profunda e com a respiração entrecortada: "Fiz amor com todo o meu corpo, como um notável artista quando toca seu instrumento e conhece cada tecla, cada reação... Em contrapartida, você cravou suas unhas nas minhas costas. Adorei descobrir, no dia seguinte, as marcas da paixão na minha pele porque eram prova de que não tinha sido apenas um sonho. Você me deixou encantado".

Eu também estava bastante desconcertada. Podia perceber o desejo de Armando se misturando com o sangue fervente das minhas veias. E arrebatada por uma deliciosa inconsciência, senti que ultrapassava uma barreira invisível e me transformava numa sacerdotisa do amor. Embriagada pelas palavras provocativas de Armando e pela impactante ideia de ele ter se orgulhado dos arranhões, de repente me vi transportada à ferocidade e ao desenfreio daqueles momentos aos pés do mar. Senti que tinha acesso a um imenso e ancestral catálogo de desejos secretos. Meu corpo simplesmente sabia o que tinha de fazer. O sexo me fazia dançar seguindo os passos certos, com precisão e destreza.

Sem dizer nada, fui até uma pequena cama simples que ficava no canto de seu estúdio e comecei a tirar a roupa sem desviar meus olhos dos seus olhos ardentes. No final, fiquei apenas com o lenço de seda comprido que levava ao redor do pescoço. Depois de deslizá-lo por meus seios e glúteos, passei-o entre as pernas para que ficasse impregnado com meu próprio perfume. Sem aviso prévio, me lancei sobre Armando, arranquei sua camisa e atei suas mãos à cama com o lenço perfumado. Seus olhos ansiosos brilhavam com uma ligeira sombra de temor e expectativa.

Possuída pela paixão, lambi sua pele lisa do ventre, seus musculosos antebraços e seu forte tórax. Mordi seu pescoço e arranhei suavemente suas costas, consciente de que depois tudo isso seria uma doce recordação para ele. Então, fiquei de pé sobre ele na cama para que visse como eu acariciava os seios e fundia meus dedos no poço secreto do meu desejo. Ele gemia de prazer. Em seguida, me agachei e levei meu rosto até sua cueca, justamente para lamber essa parte tão sensível onde a coxa se une com a virilha e sussurrei: "Você está ardendo...". Já tremendo de febre, baixei sua cueca justa de algodão e me inclinei sobre ele.

Mais tarde, eu estava com o coração latejando fortemente contra os lençóis quentes, deitada, respirando o penetrante aroma de nosso sexo e sorrindo. Estava rendida ao êxtase arrebatador do amor. E como uma alquimia ancestral, aquele arrebatamento havia transmutado meu eu cotidiano numa Afrodite moderna. Estava consciente de que aquele era o direito natural e inalienável de toda mulher. Tinha o coração e o pensamento abertos aos segredos de todas as deusas do amor, assim como à essência do sexo. Pensei que era tão fácil me lançar naquele estado de êxtase e contemplação, e que era tão incrível quanto uma boa tarde de compras... Disse a mim mesma: "Tenho que explicar tudo isso num livro. É muito bom para não compartilhar!". E não me refiro a essa relação sexual divina com Armando, mas sim ao descobrimento da minha deusa interior, à conexão com sua masculinidade... e outros segredos que revelarei ao longo das páginas seguintes.

Este é um livro para mulheres que pensam que sabem tudo sobre sexo, mas que ainda assim querem continuar aprendendo coisas novas para transformar suas relações sexuais cotidianas em encontros mágicos cheios de erotismo – e também para aquelas que querem descobrir essa deusa sexual cheia de sabedoria que, talvez, esteja adormecida em seu interior.

Quando se deixar levar por seus impulsos eróticos, você saberá como e quando despertar a paixão, seus prazeres adormecidos e os de seu amante, pois o fogo erótico que irradiará de seu corpo os levará a novos mundos. Você tem que ser bastante atrevida para ampliar as fronteiras de sua zona de segurança e perder-se na deliciosa loucura do sexo sem pudores. Tente vendar os olhos de seu homem, aprenda a conectar-se com seu falo, pratique Tantra... Quando estiver envolvida no universo do sexo apaixonado, uma tensão ardente começará a fluir da garganta até a parte genital; o coração palpitará louco de emoção e sua pele estremecerá. Você estará sob o domínio da sensual e atrevida Afrodite. Sua eletricidade erótica encherá de faíscas o quarto e ele perceberá a sua irresistível presença. Deixe que suas fronteiras desapareçam e que sua mente vague por todas as agradáveis e selvagens possibilidades.

Nas próximas páginas, você encontrará muitas técnicas para desencadear a paixão e dar um empurrãozinho inicial, mas lembre-se de que o fogo latente que arde em seu interior é o único capaz de fazer seu companheiro vibrar e deixá-la louca de paixão por você mesma!

# 1 A ARTE DA SEDUÇÃO

## QUESTÃO DE ATITUDE

O fator determinante para que uma mulher seja sedutora e atraente é sua forma de se comportar e sua atitude diante da vida. A aparência pode ser um estímulo inicial para despertar o interesse de um homem, mas não é o suficiente – só a aparência não convence ninguém. As mulheres mais irresistíveis, independentemente de sua beleza exterior, são pessoas seguras de si, que se querem bem e sabem como fascinar seu companheiro (e o universo inteiro!).

Afinal, o que faz uma mulher ter esse carisma irresistível? Todos nós conhecemos mulheres com um magnetismo especial. São sedutoras naturais, e seu encanto não costuma passar despercebido para ninguém. Vivem com leveza, com um sorriso iluminado no rosto. Seus gestos e seu corpo transmitem segurança e autoconfiança... Gostam delas mesmas como são! Porque quando você entender que é a única mulher do universo que possui um tipo particular de encanto feminino, começará a apreciar seu potencial autêntico. E então resplandecerá. Cada gesto, palavra e olhar se revestirão de um ar incandescente de sensualidade e carisma que atrairão como um ímã os olhos de qualquer mortal.

Para se transformar em uma pessoa irresistível e desejável, é necessário se conhecer bem e fazer florescer toda a beleza potencial que há em você mesma, extraindo de seus encantos o máximo possível. É importante ter sempre uma boa aparência, se perfumar, acentuar seus atrativos pessoais mais carismáticos e se enfeitar como se fosse uma obra de arte – daquelas que são um deleite para o olhar. Use uma maquiagem sedosa e perfume na nuca, uma bela cinta-liga na coxa, um colar sexy no pescoço... Aplique um gel lubrificante com sabor de morango nos lábios vaginais.

Forme ao seu redor uma rede de beleza da qual seu homem não queira sair nunca. Faça-o se fixar em você mesmo quando está ocupado ou confuso demais para se dar conta. Leia os sonetos de amor de Pablo Neruda, prepare jantares românticos com mesas enfeitadas e pratos diferentes...

Toda mulher tem seu próprio magnetismo – encantos físicos e mentais que desencadeiam a paixão e os arrepios eróticos de quem está ao seu redor. Você deve descobrir qual é seu tipo de magnetismo sedutor para explorá-lo ao máximo.

As grandes sedutoras que apresento a seguir são exemplos de mulheres que souberam identificar seus valores femininos e souberam melhorá-los com sua vitalidade particular, encanto natural e personalidade. Estas mulheres se divertem e seduzem inclusive elas mesmas. Veja a lista abaixo e descubra que, assim como elas, você também pode praticar outros estilos ocasionalmente, só por diversão ou para se tornar sedutoramente imprescindível. Você vai descobrir um novo poder – o poder de provocar sentimentos irresistíveis, de fazer cabeças revirarem e de despertar paixões. Aproveite isso e aumente esse poder a cada dia, pois uma mulher que usa suas armas femininas para conquistar o mundo é a pessoa mais irresistível que um homem pode conhecer.

## Qual é seu estilo?

**Natural.** Quando se trata de seduzir, as coisas simples são as que surtem efeito mais espetacular, como você bem sabe... Por isso, explore sua simpatia natural, sua desenvoltura e sua frescura juvenil tão deslumbrante. O largo sorriso e a amabilidade são características deste estilo. A pessoa deste estilo fica maravilhosa com seu velho jeans e suas camisetas de algodão, ainda que os vestidos leves também lhe caiam muito bem. Explore seu lado sensual e use uma maquiagem natural (com uma base suave, brilho labial e máscara para sobrancelhas). Este é o estilo de Liv Tyler e Carla Bruni.

**Elegante.** A roupa clássica e cara é característica deste estilo. O corpo esbelto, andar preciso e pose refinada falam pela pessoa. Costuma investir em tratamentos de pele e resplandece uma pele luminosa e sedosa. Caem bem as cores escuras e tem uma coleção de lingerie muito refinada. Ao perceber a vontade de ser beijada no pescoço, ela pende a cabeça para o lado e desliza os dedos pela pele de seu companheiro como se estivesse admirando uma tapeçaria caríssima. Irradia refinamento. Exemplos de mulheres sofisticadas? Audrey Hepburn, Nicole Kidman, Gwyneth Paltrow...

**Sedutora.** A mulher sedutora tira partido de sua extrema feminilidade e da provocante expressão de seus lábios quando "faz cara de gatinha". Veste-se com tons de rosa, cuida de cada detalhe e complemento de seu visual. Inspira-se em novelas de amor de Rosamunde Pilcher*, sorri com doçura, cultiva a timidez e um olhar inocentemente cativante. Kim Basinger e Drew Barrymore são bons exemplos.

**Exótica.** Beyoncé, Lucy Liu, Cleópatra... Acentue seus traços vitais, use cores fortes, acessórios que balancem e perfumes almiscarados. Encha seu quarto e banheiro de velas e caminhe como uma dançarina de dança do ventre. Será muito útil dominar algumas posições tântricas.

**Esportiva.** É o estilo de Sandra Bullock, Anna Kournikova... A pessoa deste estilo exibe um corpo atlético e músculos desenvolvidos. Coloque um jeans bem justo com uma camiseta ou lycra esportiva. Faça seu companheiro sorrir e mostre seus dotes aeróbicos na cama. Irradie saúde, bem-estar e uma irresistível vontade de viver.

**Temperamental.** Rita Hayworth, Katherine Hepburn... Destaque seus olhos com rímel preto, coloque joias atrevidas e use roupas apertadas,

---

* Rosamunde Pilcher (1924-) foi uma escritora inglesa de romances. (N.T.)

que realcem sua figura. Não use vermelho. Mexa-se ao som de um ritmo sensual e saia para conhecer *sex shops*. Na cama, solte grunhidos, fique ofegante e arranhe como uma tigresa. Sua paixão pela vida faz com que seu fogo interior faísque em qualquer lugar em que se encontre.

**Inteligente.** Jodie Foster, Helen Hunt, Sharon Stone... Desperte mistério e sofisticação. Não tenha medo de mostrar sua inteligência e a profundidade de seus olhos. Vista-se com bom gosto, exiba extravagância e, de vez em quando, conte uma história interessante. Não se reprima, mostre seu estilo, deixe voar a fantasia e desenvolva um vocabulário picante.

**Selvagem.** Madonna e Angelina Jolie são adeptas deste estilo porque são imprescindíveis e incisivas, além de transmitirem uma deliciosa sensação de perigo. Utilize seu comportamento desavergonhado como se fosse uma arma eletrizante. Use acessórios extravagantes, couro e cinta-liga. Tenha sua própria coleção de vibradores e provoque seu companheiro com insinuações ardentes no ouvido em lugares públicos. Prometa que o amarrará.

## Beleza radiante

Uma mulher sexy está orgulhosa de seu corpo e sabe que a simples visão deste pode exercer uma forte influência nos homens. Se os seus maiores encantos são um cabelo sedoso, seios grandes que sobressaem, bumbum imponente, pernas de enfartar... o que seja, ressalte-os! Adote poses para mostrá-los melhor e deixe que seu poder desperte seus instintos mais primitivos. Quando fizer isso, vai recuperar as artes mais antigas e poderosas de seu corpo.

Uma aura energética rodeia a mulher que ama seu corpo e que o transforma em uma deliciosa e perigosa arma do amor. Esta mulher utiliza seus seios e seu sinuoso quadril, seus perfumes almiscarados e naturais, sua imensa capacidade orgástica e sua sensualidade inata para despertar paixão e, por vezes, seduzir e deleitar seu afortunado homem.

**Desfrute-se ao se despir.** Não existe nada mais sexy que uma mulher mostrando orgulhosamente seu corpo diante do olhar admirado de seu amante. Encolher-se ou esconder-se debaixo dos lençóis diminui a atração e a sensualidade do corpo. Quando começar a se despir, eleve seus braços. É uma posição muito sedutora, que inclusive pode ser observada em muitas estátuas antigas de deusas e significa poder e caráter aberto. Esta posição também levanta e exibe seus bonitos seios. Ademais, indica timidez e descaramento ao mesmo tempo. Se, além disso, se faz com sensualidade, o simples gesto de levantar um braço para arrumar o cabelo, para sair do banho ou espreguiçar-se como um gato pode atrair a atenção de seu homem e fazer sair faíscas pelo ar. Graças à sua onda de poder feminino.

**Pense em sexo...** E conseguirá oferecer uma atmosfera de sensualidade irresistível. Não há nada mais eficaz para gerar uma intensa atmosfera sexual do que pensar constantemente em sexo e considerá-lo, na imaginação, com qualquer homem atraente que cruze seu caminho. Se você pensar continuamente em sexo e fantasiar situações com pessoas que te apetecem, manterá sua sensualidade à flor da pele e se tornará irresistivelmente perturbadora aos olhos dos demais. Prove, funciona! Ninguém mais que você saberá disso, mas todos perceberão um magnetismo sexual muito sedutor em você. Passe roupa nua, acaricie-se de forma sensual enquanto toma banho, leia livros eróticos e imagine-se como a protagonista, não coloque calcinha durante toda a semana... Pense em sexo e seu corpo falará por você.

**Balance o quadril ao caminhar.** Este gesto simples envia um poderoso sinal sexual, pois dirige a atenção para o quadril, glúteo e genitais, marcando a diferença entre chamar a atenção poderosamente ou passar despercebida. Em muitas culturas, o quadril feminino é considerado a arma sexual mais potente da mulher. Assim, ensina-se às jovens como devem balançar o quadril ao caminhar a fim de atrair os homens, e como têm que movê-lo em círculos durante o ato sexual para provocar o orgasmo de seu companheiro. Portanto, não se limite a andar com passo firme, capriche no rebolado e deixe que seu ritmo natural feminino mova seu quadril e glúteo com um movimento hipnotizador.

**Destaque o bumbum.** Muitas mulheres passam a vida preocupadas com o tamanho de seu bumbum sem saber que quanto mais redondos e atrevidos, maior é o sinal sexual que emitem. Salto alto é ideal para ressaltá-lo ainda mais.

**Seja provocativa.** A atitude e a postura são fundamentais para despertar em seu amante as paixões mais ocultas. Muitas estátuas antigas das deusas do amor mostram-nas em poses deliberadamente provocativas. As *dakinis* indianas ficam de pé com uma mão no quadril e a outra repousando de forma aparentemente inocente sobre seu sexo. A deusa suméria Inanna levanta os seios com suas mãos para acentuar sua turgidez e abundância. Na intimidade do seu quarto, experimente algumas dessas poses para fomentar a paixão sexual; você verá que elas lhe outorgarão o poder das deusas para atrair, despertar desejo e invocar a magia sexual.

**Pose com descaramento.** Faça uma foto vestida com lingerie insinuante ou numa pose que seja um convite sexual. Coloque-a no espelho do lavabo, deslize-a como marcador nas páginas do livro que está lendo ou corte-a como se fosse um quebra-cabeça e envie de forma anônima. Você também pode se filmar dançando nua, fazendo um *striptease* ou se dando prazer e conseguindo um tórrido orgasmo. Peça que ele se sente em uma cadeira cômoda e ofereça-lhe um ingresso particular.

## O ENCANTO COTIDIANO

Seduzir a cada dia é fundamental para manter sempre vivo o fogo do amor. Sem dúvida, seu companheiro vai valorizar mais os pequenos detalhes do dia a dia do que grandes gestos uma ou duas vezes por ano. A seguir, proponho algumas ideias para manter a paixão e evitar a rotina.

**Provocação sensual.** A promessa de sexo e o objetivo de obtê-lo atrairão inclusive o homem mais firme. Experimente seu olhar, com palavras sensuais e com o senso de bom gosto para descobrir que tipo de provocação complementa sua especial natureza feminina e deixa louco seu companheiro. Nada surte mais efeito para uma noite de sexo que passar o dia inteiro esperando e pensando no momento em que estarão juntos fazendo amor. Para que depois de um longo dia de trabalho, seu companheiro volte para casa ávido por sexo e louco para estar com você... Ataque-o com sugestivas mensagens eróticas. Envie mensagens com frases picantes descrevendo o que espera dessa noite. Assim ele ficará impaciente o dia todo para te ver!

**Aumente a tensão sexual.** De vez em quando, tire uns dias para seduzir loucamente sem ter nenhum contato sexual. Isso é ideal para aumentar o desejo e propiciar encontros mágicos e selvagens. Beijem-se apaixonadamente, dancem juntos, prepare jantares românticos... e apareça nua diante dele ocasionalmente. Mas nada de sexo. Se ele tentar alguma aproximação, sorria e lhe diga que espere apenas mais algumas noites para ganhar uma recompensa muito especial. Ao fim de uma semana, quando a tensão sexual estiver em seu ápice, cumpra o prometido com algo exótico.

**Não desmereça gentilezas.** Um homem se apaixona ou deseja uma mulher não apenas pelo que sente por ela, mas pelo que ela lhe faz sentir por si mesmo. Se você o faz se sentir especial, ele será seu mais fiel escravo do amor. Tanto na cama como fora dela, Cleópatra elogiava constantemente a sabedoria de César, sua eficácia e piedade, dizendo-lhe: "O mundo está cheio de homens mesquinhos, com exceção de você". Encontre formas de corrigir seu companheiro durante o dia e reforçar seu débil ego masculino pela noite elogiando sua fortaleza, tamanho e poder. Diga-lhe como você fica louca de desejo por ele.

**Adore o corpo dele.** Trate-o como se fosse um delicioso sorvete que não pode passar sem ser saboreado. Você baba por ele! Descubra o que mais te excita no corpo dele (seu forte tronco, seu firme quadril, um membro incansável...) e se foque nisso. Ele ficará seduzido por sua adoração e você morrerá de desejo por ele.

**Aprenda a fazer massagens.** Ninguém resiste ao prazer de mãos hábeis acariciando nosso corpo. Uma boa massagem é um dos preâmbulos favoritos do homem; aprenda a fazê-la de forma sensual e agradável que você o terá a seus pés. Para hipnotizá-lo com suas mãos, você precisa apenas de óleo de massagem aromatizado. Comece de forma delicada por qualquer parte de seu corpo e varie as carícias. Primeiro deslize suavemente suas mãos sobre ele sem pressionar, mova os dedos como se o amassasse ou fazendo relaxantes e lentos círculos, e pressione ligeiramente as palmas de suas mãos contra a pele dele. Corra por todo seu corpo, sem se esquecer da cabeça, mãos e pés: estas zonas estimulam o apetite sexual. Para aumentar o erotismo de sua massagem, respire bem próximo dele para que sinta o calor da sua respiração.

**Escreva cartas ardentes.** Se a rotina tornou morna a relação e vocês estão precisando de uma injeção de erotismo, prove os efeitos de sua caneta ardente. Escreva-lhe uma carta erótica descrevendo detalhadamente tudo o que gostaria de fazer. Solte suas fantasias sem poupar palavras selvagens. Você descobrirá novamente a paixão no olhar do seu homem!

**Cuide dos detalhes.** Cerque seu homem de beleza e exuberância: flores, velas, aromas embriagantes, música, texturas sedosas... Cozinhe pratos deliciosos e sirva numa mesa romanticamente decorada. Espalhe em sua cama pétalas de flores e pulem juntos por cima delas, desfrutando de sua suavidade e elegante aroma. Também é possível jogar pétalas de rosa na água enquanto se banha e unir-se a ele.

## Instintos naturais da mulher

Quando nos liberamos da autocrítica e das ideias estabelecidas, começam a brotar de nosso interior os instintos naturais. Então, nos tornamos transmissoras do eterno feminismo, um misterioso estado ao qual praticamente nenhum homem pode resistir. Abaixo listei os dons naturais que toda mulher deveria cultivar para potencializar sua energia sexual.

**Intuição.** Criar a fabulosa sensação de saber o que seu companheiro quer antes mesmo de ele saber não é muito difícil – mesmo se você não for muito intuitiva. Enquanto dão um apaixonado beijo ou abraço, imagine-se fundindo seu corpo com o dele, pele sob pele. Então você poderá sentir mais facilmente se ele deseja que você beije seu pescoço, aperte seus mamilos contra o tórax dele ou faça uma delirante investida com a pelve. Às vezes, o pescoço de meu companheiro me parece totalmente irresistível, como se estivesse me chamando. Aproximo-me dele, aspiro seu aroma viril e o toco com meus lábios. Tento então uma ligeira mordida. Ele estremece de êxtase e eu respondo a seu impulso correndo a língua por todo seu pescoço. Quando seu corpo inteiro desperta às urgências do desejo, ele fica assombrado ao perceber como conheço tão bem suas reações ocultas.

**Deixe-se levar.** Da mesma forma que se deixa guiar pelo ritmo de uma música, ceda pouco a pouco à sensualidade que as carícias de seu companheiro despertam em você. Ao submergir neste mar de sensações, sua paixão se acende. E uma mulher que se rende completamente a suas paixões primitivas com movimentos sensuais torna-se um potente ímã que atrai com força o homem.

**Complacência.** Se conseguir alcançar os sonhos de um homem, poderá seduzir seu coração. Portanto, quando estiverem conversando na cama, pergunte a ele quais são seus sonhos, fantasias, e que tipo de sexo habita sua imaginação. Semanas depois, torne realidade seus desejos. É certo que ele já não vai se lembrar do que te contou e ficará alucinado!

**Abertura.** Abrir-se é um ato de sedução emocionante e particularmente feminino. Abra sua blusa, as pernas e os olhos com provocação, entreabra a boca. Faça de seu corpo um receptáculo aberto para acolher seu companheiro. Esta sua abertura, que apenas uma mulher pode conceber, é uma das técnicas mais simples, sublimes e depuradas da sedução.

# 2 O CENÁRIO DO PRAZER

## TRANSFORMANDO A ENERGIA SEXUAL EM ALGO MÁGICO

O sexo por si só já é recomendável por muitas razões – muitíssimas, aliás. Além de ser uma prática saudável para nosso corpo, também o é para nossa mente, pois nos ajuda a exercitar a criatividade e engenho, e também a nos conhecer melhor. Com o sexo, às vezes, entramos em outra realidade; uma terra fronteiriça na qual abandonamos algumas das convenções da vida cotidiana para falar e atuar de formas que, em outras circunstâncias, seriam inimagináveis. Podemos inclusive descobrir coisas sobre nós mesmos que sequer suspeitávamos.

Quem, enquanto mantém um encontro sexual, não sente uma corrente passando por todo o corpo e o transportando a outra dimensão? Há quem diga que, com a soma da energia liberada durante os encontros prazerosos de vários casais, uma cidade inteira poderia ser iluminada por alguns minutos. Se, em contrapartida, esse intercâmbio sexual for transformado num ritual, convertendo a energia do sexo, seremos então verdadeiros magos do amor, dando a esses olhares, beijos e movimentos um valor elevado. Transformando o sexo, portanto, em algo especial, além da rotina ou da vida cotidiana.

## Preparativos e rituais sexuais

O ritual permitirá arrastar seu companheiro (e ele arrastará você também) para além da realidade cotidiana, e proporcionará a liberdade necessária para não serem vocês mesmos – para se comportarem como verdadeiros deuses ou... animais.

Você deve se esforçar para transformar a intimidade que compartilham quando estão nus sobre a cama ou no chão em uma arte elevada. E conseguir assim uma comunhão que vai além das palavras ou dos gestos.

Você bem sabe que tudo tem seu preço. Se você está atravessando um momento vital no qual quer algo a mais que penetrações rápidas e fáceis, ou se você finalmente encontrou a pessoa especial que procurava há tempos, deve se esforçar e dar mais atenção à sua vida sexual e amorosa. A improvisação apenas servirá como substituta para situações de emergência ou em casos especiais. Não se trata de perder a capacidade de improvisação ou de surpresa, mas sim de se esforçar ao máximo para que cada encontro seja mágico, único e especial.

Estes preparativos e rituais servirão para convocar todos os deuses do amor ao altar no qual vocês consumirão a paixão. Sem dúvida, vocês notarão todo seu poder quando estiverem um sobre o outro.

Ainda assim, não acredite que todos os rituais requerem horas e horas de preparação, como uma cerimônia interminável – tampouco eu estou disposta a prescindir por completo desses minutos de urgência –, mas uma mínima preparação, sobretudo mental, pode te levar ao nirvana. Algumas simples ações, como queimar um incenso no quarto, usar uma peça de lingerie irresistível ou contemplar as estrelas no terraço do prédio podem aumentar o desejo até limites inimagináveis. Não se esqueça de que a intenção transforma o ordinário em sublime.

## Elementos do ritual

**Preparação.** Primeiro vocês devem entender que o encontro sexual é um ritual de prazer. A vontade é o que transforma o chato em divertido, o habitual em extraordinário. Esforce-se para que seja assim. Pense que as pessoas chegam carregadas de energia negativa, cansaço ou preocupações da vida diária. Um ambiente ruim de trabalho, um problema financeiro, uma discussão com um vizinho, uma dor de dente... Qualquer coisa pode fazer com que a pessoa chegue preocupada ao momento mais esperado do dia. Não permita que esse momento seja arruinado. A primeira coisa a fazer é descarregar tudo o que é negativo com um banho especial, perfumado com óleos, ou esvaziando a mente com alguns exercícios de respiração. Há ótimas técnicas orientais para conseguir essa tranquilidade em poucos minutos, relaxando músculos e pensamentos. Respire profundamente algumas vezes e sinta sua alma se encher de um ar renovado de romantismo, mistério e sensualidade.

**Ambiente.** Na maioria das vezes, seus encontros acontecem num espaço habitual da vida: seu lar. E, como diz minha amiga Selena: "Não há nada menos erótico que descobrir uma goteira no teto do quarto que te deixa aflita justamente quando ele, apaixonado, te joga sobre a cama, louco de excitação. Nesse momento, você deixa de estar ali, presente, e só fica pensando, de forma obsessiva, quando pedirá para a vizinha contratar um encanador!". É importante transformar o quarto eleito, de maneira que seja impossível reconhecer nele a sala na qual você vê televisão habitualmente ou o quarto onde as crianças brincam, bagunçado e com brinquedos no meio. Lembre-se de que um espaço pode intensificar ou diminuir o desejo e que tecidos de seda, incensos, velas e outros complementos similares podem fazer milagres.
Muitos homens ficam horrorizados com detalhes familiares porque isso os faz recordar das tarefas domésticas, dos filhos, da casa... e preferem ambientes mais sofisticados, românticos ou selvagens, com luzes tênues, lingeries finas, salto alto, couro preto...

**Ação.** Um ritual é formado por uma série de atos que saem do comum e que o farão diferente e especial. Comece o encontro trocando presentes, ao som de um gongo chinês que lembre um monastério budista (esse objeto pode ser encontrado em um antiquário), com massagens ou mimos. Troque sorrisos e olhares longos, toques das mãos. É possível inventar jogos prévios ao ato sexual para conseguir uma excitação mais ardente.

## Banhos de prazer

Os banhos compartilhados são um ritual que permitirá surpreendentes e estimulantes variações na água ou em qualquer outro líquido carregado de sensualidade e glamour.

**De leite.** Você sabia que Cleópatra se banhava em leite de burra para ter uma pele mais fina e de melhor aspecto? Por que não provar a sensação de serem faraós e se transportarem até o antigo Egito? É difícil encontrar leite de burra, mas talvez seja possível substituí-lo por leite de amêndoas diluído em água ou... Fiquem de pé na banheira e, com uma tigela, derramem leite da cabeça aos pés. Devagar. Além do mais, por que desperdiçá-lo? Em turnos, vocês podem se lamber e se acariciar para comprovar se a terapia de Cleópatra valia ou não a pena.

**De pétalas de rosas.** Você não tem gravada na memória a cena de *Beleza Americana* na qual a moça loira, nua sobre a cama, aparece rodeada de pétalas de rosas? É certo que seu companheiro se lembra! A suavidade do tato, o aroma e as imagens eróticas que as pétalas evocarão vão proporcionar um autêntico banho de prazer. Encha a banheira de água e espalhe pétalas até quase cobri-la. As rosas vermelhas são as mais sensuais, mas se você prefere um efeito visual mais alegre, pode combinar diferentes cores. Sabonetes com aroma de rosas também são vendidos e são ideais para o banho. Uma vez dentro da banheira, deixe que suas mãos deslizem pelo corpo dele, sob o denso tapete de flores, preparando o terreno para o encontro que terá lugar mais tarde.

**De champanhe.** Esta bebida está associada ao glamour, à elegância, à festa, à paixão... Justamente como queremos que seja o encontro de dois amantes apaixonados. Crie um ambiente adequado em seu banheiro, com objetos de luxo dourados, velas, música de orquestra a seu redor. De pé, com a banheira cheia de água quente, joguem champanhe um no outro. Então, com uma esponja suave (se possível de luvas) acaricie cada um dos cantos do corpo dele. A espuma da champanhe e seus dedos ficarão gravados a fogo na pele dele... Não se esqueçam das taças para brindar a ocasião!

**De espuma.** Encha a banheira com água quente e adicione bastante espuma de banho. Convide seu companheiro para entrar no banheiro cheio de velas acesas, música suave e incenso (lavanda é calmante e um dos aromas preferidos dos homens) para tomar um autêntico banho relaxante. Uma vez com as pernas submergidas nas águas perfumadas de sua banheira, comece com algo relaxante: lave a cabeça dele com doçura enquanto massageia o cabelo, as têmporas e o couro cabeludo, fazendo pequenos círculos. As massagens na cabeça são prazerosas em razão da quantidade de terminações nervosas que temos. Quando ele estiver com os olhos fechados e totalmente relaxado, pegue fôlego, feche os olhos, submirja na espuma e... empregue seus lábios para massagear outra área muito sensível.

**De sais de banho.** Nas perfumarias são vendidas algumas bolinhas efervescentes de sais de banho perfumados que, ao serem submergidas na água, se desmancham e produzem milhares de borbulhas. A sensação é a mais excitante. Existem numa infinidade de aromas; algumas, inclusive, contêm pétalas flutuantes que emergem à superfície enquanto a bola vai se desvanecendo.

**Nos pés.** Quer que seu companheiro se sinta como um verdadeiro rei? Lavar seus pés transportará vocês a épocas antigas, quando este ato era considerado uma das mais claras demonstrações de respeito, reservado a sumos sacerdotes e reis. Ilumine o quarto com luz suave de velas e incenso queimando, vista-se de branco e dourado. Peça a ele que se sente numa confortável poltrona ou numa cadeira grande, como se fosse um trono, e incline-se aos pés da sua majestade! Coloque os pés dele num recipiente fundo com água morna e sabonete perfumado, depois de tê-los beijado e acariciado. Sirva-lhe uma bebida ou um petisco. Coloque sua música favorita enquanto os pés estão de molho. Depois, seque-os com sua toalha favorita (em alguma que, quem sabe, você tenha bordado alguma palavra especial...). Massageie seus pés com óleo perfumado, sem se esquecer dos dedos, áreas muito sensíveis. Também não se esqueça de beijá-los constantemente.

## Recintos sagrados

**Feng Shui para apaixonados.** Esta milenar arte chinesa, muito na moda hoje em dia no Ocidente, ensina a deixar sua casa mais habitável, cômoda e benéfica para a saúde emocional. Se quer assegurar vitalidade e inspiração nos seus encontros sexuais, você pode aplicar algumas destas normas básicas para decorar o lugar destinado ao amor e ao prazer. Ele deve ser um espaço acolhedor, ordenado, decorado com objetos em número par e cores como branco ou vermelho. É possível também utilizar alguma citação ou poema especial inspiradores, plantas ou lembrancinhas comuns. A luz é um elemento muito importante. Por isso, uma lâmpada bonita ou velas devem ser escolhidas cuidadosamente; os detalhes decorativos com água também contribuem para criar um bom ambiente romântico. Uma amiga minha, por exemplo, tem um espaço para fotos de paisagens onde ela e seu amante, grandes viajantes, viveram momentos românticos; e outro para flores, que ela renova a cada dia, junto a pequenos quadros que ela mesma pinta de partes do corpo de seu parceiro: seus olhos, suas mãos escrevendo, sua pele entre as ondas do mar... Qualquer coisa que faça aflorar o seu romantismo e o de seu amante estão valendo.

**A cama.** Neste livro, proponho diferentes espaços para fazer amor e se render livremente ao prazer e à luxúria durante o ato sexual. Um banco do parque, banheiros públicos, o carro ou a mesa da cozinha... No entanto, não se engane: não há nada como uma boa cama. Dê toda a atenção que ela merece e prepare-a para o amor desenfreado. Para começar, algo básico: os lençóis devem estar bem limpos, passados e perfumados. Devem ser adequados e bonitos (não faça como minha amiga Susana, que recebeu seu amante no primeiro encontro com lençóis de promoção de uma marca de detergente!). É importante que sua cama seja grande e capaz de suportar as investidas dos amantes mais fogosos. Ou você quer sair rodopiando pelo chão por conta de uma sacudida orgástica? Não seja econômica e invista numa boa cama, você não vai se arrepender. Agora, se você já está cumprindo o mínimo, lhe proponho um passo mais: eu, por exemplo, tenho sobre minha cama um monte de almofadas de sedas exóticas, com cenas eróticas, trazidas da Índia.

**Construir um altar.** Todo santuário tem seu altar. Você pode construir, inclusive, um santuário do sexo na sua casa. Construa-o você mesma – melhor ainda se for construído com seu companheiro. Toda atividade compartilhada unirá vocês no caminho da busca do prazer. Isso ajudará vocês a ver o sexo como algo mágico e sublime, despertando inclusive lembranças eróticas cada vez que passarem diante dele. Uma bonita mesa baixa em seu quarto, coberta com um tecido especial, pode servir. Nela, vocês podem incluir desde os primeiros presentes, cartas de amor, até fotos em situações românticas, velas dos cheiros favoritos ou algum alimento afrodisíaco para nutrir o amor. Para iniciar os rituais sexuais, vocês podem começar diante do altar, rendendo adoração a seus objetos, acendendo as velas ou realizando as primeiras carícias. Tudo, a partir daqui, adquirirá um ar sagrado.

## Carícias e massagens

**Motivos florais.** As flores e plantas servem para alegrar o ambiente, além de criar um entorno natural e acolhedor. Mas não fique apenas nisso. Utilize a imaginação: encha sua cama ou banheira com pétalas de suas flores favoritas e utilize as folhas de uma planta para acariciar seu homem até o êxtase.

**Carícias.** Quantas relações não começaram por uma troca de olhares, seguidas de uma breve e sugestiva carícia? Ainda estremeço ao lembrar como, num bar, o meu namorado da época da faculdade acariciou com suas duas mãos meus dedos, enquanto falava sobre algo absolutamente sem importância e me olhava nos olhos. Não aconteceu nada mais neste encontro, sequer um beijo, mas ainda assim é um dos momentos mais sensuais que conservo dele... Aproveito para lembrar que é possível fazer carícias com a ponta dos dedos, a palma da mão, as unhas, a língua, os lábios e os seios...

Há pontos de nosso corpo com maior sensibilidade que outros – são as conhecidas "zonas erógenas" (que falarei em outro capítulo). Cada pessoa tem suas próprias áreas sensíveis, que você deve investigar na conquista do prazer mais intenso, mas há algumas bastante comuns que te farão chegar às estrelas! São elas: rosto, lábios, língua, orelhas, pescoço, mamilos, glúteo, coxas, pés e genitais.

**Massagem.** Há muitos tipos de massagem. Cada uma tem seu momento e seu lugar. Talvez, se seu companheiro chegou cansado em casa depois de uma dura jornada de trabalho, nada mais oportuno que lhe presentear com uma massagem relaxante usando óleos de essência. Desde o antigo Oriente, plantas, óleos e incensos aromáticos são utilizados como armas de sedução, para melhorar o humor ou estimular a imaginação. Pense no objetivo de cada encontro e escolha um aroma determinado. Se você quer elevar a voltagem de sua relação, descubra quais são as essências que despertam a libido de seu amante. O jasmim, a rosa, o açafrão e o patchuli são ideais para estimular o erotismo; já se o que procura é criar um ambiente relaxado, o sândalo ou o gerânio são duas opções formidáveis. Você pode utilizá-los para a massagem, pode espirrar umas gotas nos lençóis ou perfumar o ambiente.

Outra opção de massagem é a do corpo a corpo: seu objetivo é, sem dúvida, excitá-lo. Sendo assim, espirre em você mesma um óleo de massagem e esfregue até que cada centímetro de seu corpo fique bem coberto. O contato profundo pele com pele não apenas proporciona um bem-estar imediato muito agradável, como também libera endorfinas (hormônios da felicidade). Se o ambiente estiver escurinho, então... tudo pode acontecer!

A massagem artística também é uma possibilidade a seu alcance. Compre tintas adequadas para a pele, que não sejam tóxicas e saiam com água. Tire sua roupa e, usando suas mãos como pincel, comece o melhor quadro de sua vida. Nesse caso, o material é caro: aproveite cada canto! Faça isso acariciando e pressionando nos pontos importantes.

E para acabar, uma massagem sexual muito prazerosa: faça com que seu homem fique nu, suba nele e acaricie todo seu corpo, enquanto sente em seus quadris o calor das coxas dele. Não se esqueça de roçar seus mamilos, apertar-se contra ele ou lambê-lo. Vire-o e comece a acariciá-lo de novo. Reserve para o final o prato principal: o pênis e o períneo. Dê pequenas mordidas e vá aumentando a pressão aos poucos.

**Acupuntura afrodisíaca.** Consiste em focar em determinados pontos sensuais para estimular o erotismo. Realize o ritual da unção: com óleos, apalpe suas pálpebras, entre as sobrancelhas e outros pontos de prazer. Fale com ele enquanto faz isso, mostrando sua adoração por cada uma das partes de seu corpo. Lamba sua pele e pressione-a com seus seios – não há melhor terapia de acupuntura que substituir as agulhas por seus mamilos! – ou com o glúteo, glande, escápula, parte interior do pulso e o cotovelo, parte interior das coxas, abaixo do umbigo, ao redor dos joelhos ou das pontas dos dedos dos pés...

## Um toque de distinção

O importante e o diferencial são os detalhes. Procure seus próprios meios para agradar o homem: como dissemos, hoje ele é rei. Sirva-lhe uma taça do licor favorito dele (não vale uma garrafa já aberta, abra uma nova para hoje!), coloque sua música preferida, mesmo que você não goste muito dela (coloque uma relaxante, que não o distraia dos prazeres que você preparou para ele...). Há partes do corpo que ainda não abordei, mas que são realmente importantes. Como, por exemplo, as mãos. Por que não presenteá-lo com uma sessão de massagem nas mãos? Primeiro, molhe-as com água morna. Em seguida, seque-as e as massageie do pulso até as pontas dos dedos. Faça desenhos com as pontas dos dedos, leia as linhas da vida e invente um bonito futuro. Preste atenção a cada dedo, um por um, não lembram um minipênis? Dedique-lhes os mesmos mimos: carícias, massagens, lambidas, beijos... E para finalizar, há melhor presente que deixar-lhe colocar as mãos onde preferir? Quer apostar? Certamente ele estará louco para colocá-las em seus seios, enredá-las em seus pelos pubianos ou brincar com os dedos em sua vagina. Desfrute sua recompensa.

# 3 Jogos do amor

## Situações excitantes

Em qualquer aspecto de nossa vida, ser criativo é fundamental. Se você é criativa quando prepara um presente de aniversário, uma apresentação de trabalho ou uma despedida para uma amiga que vai se mudar de cidade... por que se descuidar quando se trata de dar prazer a seu parceiro ou a você mesma?

O tempo investido em imaginar jogos novos e procurar cenários diferentes ou brinquedos originais será amplamente recompensado quando você estiver com seu companheiro. Fantasias, lugares pouco usuais e acessório lúdicos são as chaves que a ajudarão a abrir as portas que te separam do ato sexual desenfreado. Procure uma saia leve branca e ligue o ventilador entre suas pernas... em alguns segundos, você se sentirá a irresistível Marilyn, mito do século XX que "devorou" jogadores de beisebol, milionários, cantores famosos... e até presidentes! Compre um vibrador e, em questão de segundos, você ficará excitada imaginando as mil possibilidades prazerosas que conseguirá com ele. E você bem sabe, na hora do jogo, nus e estirados pelo chão do corredor, tudo vale. Ninguém poderá dizer nada se, a fim de ganhar seu homem, você utilizar suas "armas de mulher" para imobilizá-lo com suas coxas entrelaçadas na cintura dele.

Em se tratando de exploração, aprendizagem ou curiosidade, a melhor época de nossas vidas é a infância... Crianças são livres e criativas; não têm limites ou barreiras; não conhecem normas. A máxima ambição de uma criança é passar o dia brincando. Você não acha que está na hora de voltar a essa época dourada? Ainda que seja entre seus lençóis... Não deixe que suas responsabilidades profissionais, familiares ou sociais te impeçam de desfrutar da criança que mora em você. E exija de seu companheiro que ele te acompanhe nesse retorno ao passado, comportando-se como um eterno e travesso Peter Pan.

Brincar é uma atividade tão fácil como caminhar ou respirar, mas, sem dúvida, uma boa preparação pode ajudar. Nem tudo deve ficar na improvisação. Neste capítulo proponho algumas dicas e, por experiência própria, adianto que algumas oferecem resultados incríveis. Jogos de atuação, fantasias, brinquedos, acessórios, jogos eróticos... Como eu disse, deixe voltar sua imaginação – sua melhor aliada – e experimente coisas diferentes com seu amante. Fale com ele e decidam, os dois juntos, o que mais gostam, estabelecendo as regras do jogo. Lembre-se de que o diálogo é fundamental para que ambos aproveitem o momento. Uma vez com tudo decidido, senhores... comecem o jogo!

## Jogos de situação

Quase todos gostam de cinema ou de uma boa novela, porque, por um momento, essas cenas nos permitem dar a volta ao mundo em 80 dias, ser Mata Hari*, arriscar nossa vida numa missão secreta ou, como Cleópatra, ter os homens mais poderosos a seus pés, em impressionantes palácios às margens do Nilo... Então, por que não levarmos essas situações para nossa vida sexual? Brincar de ser outra pessoa ou de trocar os cenários pode fazer o encontro amoroso ser ainda mais atrativo. A novidade, a curiosidade e o risco adicionarão um toque excitante.

* Mata Hari (1876-1917) foi uma dançarina muito sensual. É considerada uma espécie de símbolo de ousadia feminina. (N.T.)

**No aeroporto.** Consiga um uniforme de aeromoça (que não seja de uma companhia conhecida, para não ter problemas!), e não se esqueça de belos sapatos de salto agulha. Vá buscá-lo em algum aeroporto quando ele estiver voltando de uma viagem de negócios. Espere-o no desembarque segurando um cartaz com seu nome. Receba-o como se não o conhecesse e leve-o à área de serviços, sem falar. Observem e entrem fortuito. Terão alguns minutos para um encontro rápido. O pouco espaço disponível e o silêncio com que deverão atuar serão dois aliados para a excitação...

**No hotel.** Num sábado de manhã, minha amiga Silvia saiu de casa sem fazer barulho enquanto seu companheiro dormia, deixando apenas um recado com um endereço, propondo um encontro no fim da tarde. Durante todo o dia, não se falaram. Quando ele chegou no local, estava em um hotel de luxo. Ela o esperava no hall vestida de carregadora de bagagem. Como se não o conhecesse, sem falar com ele, pegou sua maleta, chamou o elevador e o levou até seu quarto. Fechou a porta e, sem tirar o uniforme, obrigou-lhe a despi-la... Ah, e na manhã seguinte, exigiu uma boa gorjeta por levar sua mala!

**Nas arquibancadas.** Muitos homens não perdem sua partida de futebol do domingo. Por que não desfrutar também desse momento, mas à nossa maneira? Acompanhe-o até o campo, como se fosse uma simples torcedora, vestindo camiseta, gorro e saia do time. Não se esqueça de levar uma boa manta para... protegê-lo do frio?! Uma vez sentados nas arquibancadas, quem disse que as bolas de futebol são as únicas que entram em jogo? Deslize suas mãos para baixo da manta e coloque-se a trabalhar...

**Como telefonista.** As tecnologias vieram para facilitar a vida... em todos os sentidos. Você tem dois celulares? Você tem fones de ouvido? Coloque cada telefone em uma ponta da casa. Perfeitamente vestidos (fica mais característico se estiver vestida com roupa de escritório: tailleur, lenço, sapato de salto, colar, óculos...), sentem-se em uma cadeira, frente a frente. Peça que ele te ligue. Você é a telefonista de uma central de atendimento, mas hoje se sente travessa e está com as mãos livres. Sabe como você as usará? Pouco a pouco, bem lentamente, você vai se despindo enquanto lhe diz tudo que está acontecendo... Vocês não poderão se tocar até que os dois estejam completamente nus... Aproveite para se masturbarem um na frente do outro. E quando estiverem soltando faíscas... O que está esperando?

**O clássico no parque.** Um banco de madeira, o escurecer de uma noite de verão com lua cheia, um jornal e dois desconhecidos que se sentam cada um em uma ponta do banco. Dois desconhecidos? Aproxime-se pouco a pouco e, enquanto lê, desate as calças de seu companheiro; num piscar de olhos, sente-se sobre ele. Tentando disfarçar o que está acontecendo, monte-o lentamente. Não se esqueça de vestir uma saia larga. A possibilidade de que alguém possa passar e descobri-los não deve fazer com que sejam mais rápidos, ao contrário. Faça durar a tensão. Sempre é possível acabar na cama o que começaram no banco...

**Com as mãos na massa.** O marido de Regina não gosta de sair. Assim, ela inventa cenários em sua própria casa. Para fazer sempre diferente, trocaram o quarto pela cozinha e as roupas íntimas por um avental – sem nada por baixo dele. Você se lembra de *Nove semanas e meia de amor* e aquela cena na qual Mikey Rourke oferece alimentos a uma explosiva Kim Basinger, que está com os olhos vendados? A geladeira pode ser um cofre do tesouro, no qual se pode guardar os maiores afrodisíacos, ou mesmo aqueles complementos indispensáveis para iniciar a gastronomia sexual: chocolate (derreta-o!), leite condensado ou mel... Nunca imaginou seu amante como uma boa torrada untada de ambos os lados? Não se esqueça de ter uma boa champanhe gelada para celebrar o final da festa.

**A massagista.** Você precisará de uma bata estilo oriental, de seda, com aberturas estratégicas que permitam ver que está nua por baixo. Comece a sessão. Primeiro, com massagens normais, que o façam acreditar que sua ação não passará disso. Quando ele estiver relaxado, apague as luzes, fique nua e lambuze todo seu corpo com algum óleo natural. Estes óleos têm propriedades aromáticas incrivelmente sensuais e excitantes. Comece a roçar-lhe delicadamente o corpo, massageie desde os pés até o rosto. Já é todo seu. Sente-se sobre ele e deixe-se levar. Ele ficará encantado em ver como suas mãos deslizam entre suas pernas, quadril e peitoral!

**Ondas de prazer.** Quem já não desejou fazer amor em uma praia semideserta, ao pôr do sol, e ver como seu amante sai da água, com gotas escorrendo pela pele, o cabelo molhado e o sabor do sal em seus lábios? Por que não fazer isso? Programe um encontro romântico à beira-mar... O balanço das ondas unido ao vaivém de seus corpos deixará a experiência mais excitante. Além disso, se você deslizar o prepúcio de um lado a outro ou pressionar para que se abra a fenda da glande (cabeça do pênis) quando estiverem debaixo da água, oferecerá a ele sensações... escorregadias! Outra opção é envolvê-lo com os braços, enlaçar seu quadril com as pernas e... flutuar para cima e para baixo. O mesmo vale na piscina, na ducha ou na banheira. Suas mãos ensaboando cada uma de suas partes, enquanto ele não pode te tocar, pode ser uma boa preliminar...

**Lavando o carro.** Por que não acompanhá-lo ao lava-rápido inventando qualquer desculpa? Aproveite quando a cortina de água e sabão e as franjas dos rolos te derem intimidade, e assalte-o diretamente no seu câmbio... Antes disso, prepare-o com alguma conversa excitante, ou coloque uma música especial no rádio do carro. A urgência e excitação do momento farão o resto... Imagine a cara dos funcionários se por acaso flagrarem vocês!

Alguns destes jogos de situação que proponho requerem um erotismo acelerado. É necessário dominar a arte da paixão instantânea. Sinta as vibrações de quando ele acaricia insistentemente seu clitóris. Não se preocupe em tirar a roupa, ofegue e respire forte para urgir a ação, mas separe-se bruscamente antes da penetração. Espere um pouco e se lance como um animal!

## Jogos eróticos

Nem tudo consiste em imaginar situações, ir a cenários arriscados ou ser personagens diferentes de nós mesmos. Também existe uma série de jogos para se divertir em casa numa tarde tediosa de chuva ou depois de uma jornada de trabalho especialmente dura.

**Pequeno Polegar.** Para não se perder e saber voltar para casa, o Pequeno Polegar deixou um rastro de migalhas no caminho. Faça de conta que é a Pequena Polegar mas, em vez de pão, utilize pétalas de rosa ou velas com a luz apagada. Faça um rastro da porta da casa até seu quarto e espere seu homem na cama, de braços e pernas abertos, como um convite claro e direto. Um bom perfume (como lavanda ou patchuli) que acentua o desejo, ou incenso queimando, o transportará aos haréns do Oriente em questão de segundos...

**Quebra-cabeças.** Ao chegar do trabalho e abrir a porta, ele se depara com um papel enganchado e dobrado, que contém uma única palavra e um número no verso. A casa está silenciosa e todas as luzes acesas. Ele vai encontrando papéis por todos os lados, com palavras diferentes e mais números. É importante que os recados estejam desordenados. Você, vestida com um sugestivo conjunto de lingerie de encaixe, esperará paciente. Não o deixe tocá-la até que ele tenha todos os papéis. Ele deve ordená-los para que as palavras façam sentido: são promessas de tudo aquilo que pensa fazer com ele, a sós... Tudo aquilo que sabe que ele gosta e, inclusive, o que ele não se atreve a pedir para você.

***Strip poker*.** Se o seu amor é daqueles que se diverte jogando cartas com os amigos, proponha-lhe uma partida especial com você. Vista-se com a roupa dele, como se fosse um homem – incluindo sua cueca favorita – e reproduza o cenário típico: uma mesa, cartas, uísque e dinheiro para as apostas. O ganhador de cada rodada terá direito a pedir ao outro que vá tirando peças de roupa. Por isso, tanto faz ganhar ou perder! Deixe as peças que for tirando sobre a mesa, ao lado das roupas habituais, para que ele veja o contraste...

**Atores de Hollywood.** Quem já não sonhou em ser ator? Esqueça Lauren Bacall e Humprey Bogart e se prepare para interpretar um papel muito selvagem. Alugue um filme pornô, tratem de vê-lo sem se tocarem e logo... Será que se atrevem a reproduzir a cena mais picante?

**Enredos.** Você se lembra do Twister, aquele jogo dos círculos de cores que era moda na década de 1980? Sobre o chão, estendíamos um plástico que levava grandes círculos de diferentes cores desenhados. Cada jogador, seguindo as instruções dadas por uma agulha que girava sobre um tabuleiro, devia ir colocando mãos e pés sobre os diferentes pontos. Figuras estranhas eram produzidas, contornos estranhos, corpos entrelaçados... Devíamos passar um em cima do outro e acabávamos todos amontoados sobre o plástico... Imagine fazer isso completamente nus? A cada ordem da agulha, você pode adicionar uma carícia especial ou um beijo.

**Cavaleiros e princesas.** A maioria dos homens tem dentro de si um valente protetor, então por que não fazê-lo aparecer? Deixe na entrada de casa um recado com as normas: ele deve ficar nu e deixar apenas um elmo de cavaleiro e uma espada ao cinturão. Por toda a casa ele encontrará pistas sugestivas: um par de *tassel** para seios, um prato de morangos e uma garrafa de champanhe, algumas calcinhas... No quarto, você o esperará amarrada à cama ou a uma coluna, como uma prisioneira, com um bom salto alto e um véu cobrindo o rosto... Um conselho: não peça ajuda a nenhuma amiga para te amarrar; faça tudo você mesma, da melhor maneira que conseguir. Minha amiga Rita pediu ajuda a uma vizinha em quem ela confiava muito para fazer uma surpresa a seu marido e, em vez de ele se excitar, não parou de perguntar como ela havia conseguido se amarrar nua na cama!

**Confeiteiros.** Cubra o chão com um plástico enorme e fique nua sobre ele. Deixe preparada uma mesa tipo bufê, com uma tigela de morangos, uma bandeja com frutas cortadas, um spray de chantilly, uma jarra com chocolate derretido, um bico de confeiteiro cheio de creme ou um pacote de açúcar de confeiteiro. Sem pratos ou talheres. Vocês não vão precisar! Seu prato será o corpo dele, e sua boca os talheres... Não se esqueça de se dar a sua parte. Aproveite para lamber bem os dedos e se delicie.

## A ARTE DE SE DISFARÇAR

Tanto na Veneza antiga como nas cidades brasileiras da atualidade, a época do Carnaval é aquela em que mais florescem paixões.

---

* *Tassel* é conhecido vulgarmente no Brasil como "peitocóptero". São feitos para cobrir apenas o mamilo, com uma bolinha pendurada na extremidade do fio. (N.T.)

Desde sempre, a máscara e o disfarce oferecem a quem os veste o poder do secreto e do mistério, servindo de carta branca para tornar realidade seus maiores sonhos. Existem pessoas, como meu amigo Manuel, que acreditam se transformar de verdade no personagem de que estão disfarçados, obtendo algum de seus "poderes". Manuel se disfarçou de Indiana Jones para uma festa na casa de um amigo e assegura que sentiu em sua pele certas doses do amor pela aventura do famoso arqueólogo. E até as meninas da festa notaram essa influência, atraídas pelo magnetismo do chapéu e do chicote, e ficaram insinuando-se para ele.

Além disso, se for capaz de encontrar o disfarce adequado – aquele que abre as comportas mais escondidas dos sonhos de seu amante –, vocês poderão desfrutar uma noite louca. Assim, os homens que gostam de variedade – talvez o seu seja um desses – podem aproveitar a emoção de fazer amor com "outra mulher" sem deixar de ser fiéis à sua. Nunca se sabe! Um pequeno avental, uma saia bem curta, estreita e preta, um espanador e uma touca te transformarão numa jovem empregada francesa capaz de todo tipo de perversão. E para montar um cavalo selvagem, o que poderia ser melhor que uma calça jeans com botas, um lenço no pescoço, um chapéu de caubói e uma corda de laçar?

**Os mais comuns.** Não é necessário complicar muito nem ter um armário cheio de disfarces à mão de acordo com o dia. Na realidade, basta se preocupar com os detalhes para criar a situação adequada. Explore sua libido – e a de seu amante – para descobrir aquelas imagens que provocam os dois...

Existem clássicos que não falham, como:

- Lolita com sua saia plissada, duas tranças, um pirulito impressionante e calcinha branca.
- Dançarina de dança do ventre, com uma saia de véus sedosos que podem ser arrancados um a um – com a boca? com os pés? – e moedas presas na cintura que balançarão a cada investida.
- Deusa grega, com superioridade e frieza de mármore por fora... mas pura paixão por dentro.
- Mulher de gângster, com colares grandes e um cigarro de tamanho extraordinário na boca.

- Pirata, com um sabre e roupas remendadas.
- Executiva de alto escalão, com sapatos de altura indescritível e bolsa poderosa.
- Vampira disposta a morder cada uma de suas partes.
- Gueixa submissa e delicada, envolta em um sedoso quimono preparado para cair no momento mais oportuno.
- Enfermeira, com uma saia bem curta e cinta-liga, ambas brancas.
- Fetichista de couro, com vários zíperes, peças bem justas, botas altas e chicote.
- Chapeuzinho Vermelho, Branca de Neve ou Cachinhos Dourados.

## Complementos indispensáveis

Às vezes, a combinação adequada de roupa e complementos de uso habitual pode se revestir de uma sensualidade especial e lhe conferir uma personalidade diferente. O resultado é muito mais simples que se disfarçar ou praticar sexo com uma máscara, e consiste em se vestir de forma diferente do que você faz habitualmente. Um vestido vermelho bem decotado pode te transformar numa devoradora de homens ou, ao contrário, um suéter de lã cor rosa pastel e um pequeno colar de pérolas, numa versão mais doce de você mesma.

Algumas ideias que podem ser utilizadas:

- **Complementos masculinos.** Combinar uma camisa de seu companheiro com sua meia-calça e cinta-liga, ou simplesmente usar uma gravata sobre seu corpo nu são uma aposta segura.
- **Roupa íntima.** Combine calcinha e sutiã ou faça um desfile de lingerie.
- **Corpetes e cinta-liga.** Em pesquisas sobre preferências sexuais, 80% dos homens elegeram a cinta-liga como a peça mais excitante. Por outro lado, os corpetes de laço são os mais sensuais. Além de nos fazer sentir diferente, aperta só os seios e envia sangue quente a todos os pontos importantes.
- **Fio dental.** São peças de uso cada vez mais habitual. Um bem escolhido vai fazer você se sentir especialmente sexy... e combinado com salto agulha ou um belo sutiã te transformará em pura dinamite.

- **Calçado.** A cena de uma mulher nua calçando um imponente sapato de salto, presente em muitos filmes, foi eleita como mito erótico. Este calçado desperta muitos desejos no homem – como o de beber champanhe nos sapatos ou caminhar sobre eles... Não o prive de nada.

## Movimentos e danças sensuais

Se por si só esses complementos ou disfarces já têm seu efeito, imagine os estragos que podem causar combinados com um perfeito movimento de quadris ao som de uma música oriental? E se você dançar agarrada ao seu par, sem deixar passar nem um pouquinho de ar entre seus corpos? E se fizer isso possuída ao ritmo de tambores africanos que extraem de você suas paixões mais ancestrais? A combinação é perfeita. Apenas se atreva: não sinta vergonha, pois você não será julgada pela perfeição de seus movimentos ou por dançar no ritmo. Além disso, como aconteceu com meu amigo Manuel com sua roupa de Indiana Jones, é muito provável que seu disfarce te permita se deixar invadir pelo espírito de uma dançarina oriental, uma stripper sensual ou uma cigana selvagem.

***Pole dance.*** Vista-se com uma minissaia mais que curta num corpinho bem ajustado. Coloque uma música disco, pegue uma vassoura e a utilize como se fosse uma barra de *pole dance*. Bem agarrada, suba e desça, esfregando-se na barra, sem deixar de olhar para seu amante. Abrace-a com suas pernas, deixando entrever aquilo de promissor que há por baixo de sua saia... Evidentemente, ele não poderá se mover da cadeira de onde te observa, até que você permita.

**As mil e uma noites.** Decore seu quarto com almofadas e telas e tente retirar todos os móveis que for possível, só por uma noite. Coloque incenso e uma música oriental ao fundo. Receba seu amante vestida com véus que cubram seu rosto e suas pernas. Dance para ele, arrancando os véus devagar. Não se esqueça de se acariciar com eles, entre as pernas e em cima dos seios. Hoje você será escrava de seu homem, e estará às suas ordens.

**Striptease.** Atreva-se com este clássico. Você pode testar algumas variações a seu modo, mas não se esqueça de que o importante é a provocação. De vez em quando, olhe para ele, seu espectador. Toque-se enquanto vai se despindo e ofereça o sutiã, a calcinha, as meias... Vá tirando peça por peça, devagar. Sinta que seu corpo é uma verdadeira obra de arte, que vai sendo revelada pouco a pouco.

## Acessórios

Já citei alguns nas partes sobre jogos eróticos e de situação. Agora, vou ressaltar uns e propor outros. Lembre-se: você, melhor que ninguém, se conhece e conhece seu companheiro. Cada um tem seu gosto, então aproveite! Há muitas coisas na vida cotidiana que podem dar excelentes ideias. Por que não recorrer a alguma loja especializada, por exemplo? As opções a seu alcance serão incríveis, e o conselho dos profissionais, uma ajuda.

### Da mesa à cozinha

Qualquer coisa comestível que possa ser espalhada no corpo é suscetível de se transformar em instrumento de prazer: chocolate, chantilly, leite condensado... Tente também também deixá-lo todo brilhante com azeite ou superdoce com uma boa dose de mel.

- **Chocolate:** é tido como um alimento dos deuses e é sinônimo de prazer. Esfreguem-se e se lambam por inteiro!
- **Especiarias:** dizem que se você colocar gengibre debaixo da língua e beijar o seu amado, ele ficará unido a você por correntes de desejo. Já Nostradamus receitava geleia de gengibre. Na África, é utilizado para fazer um suco com limões verdes e açúcar. Funciona mesmo e é rápido!

### O duplo uso dos móveis

- **Uma cadeira, uma gangorra, um balanço...** Tudo isso permite a você ficar com as mãos livres para explorar seu parceiro, além de facilitar uma postura com seu ponto G numa posição ideal para que ele seja estimulado.

- **Um pufe, uma almofada...** para colocar debaixo de seu glúteo e facilitar a penetração.
- **Um divã:** sem braços nem outros elementos, permite uma grande liberdade de movimentos.
- **Espelhos:** se bem localizados e no momento oportuno, possibilitarão que vocês desfrutem-se sem perder nenhum detalhe de seus jogos ou que vejam suas expressões faciais, descobrindo o que cada um mais gosta.

### Uma princesa de harém

- **Tecidos:** alguns, como a seda, desatam paixões na maioria dos homens. Seu som ao balançar e seu tato suave oferecem um toque de glamour e excitação. A seda é normalmente associada à elegância e à noite.
- **Joias.** Quem disse que é preciso ficar sem nada para fazer amor? Deixe suas joias sobre o corpo nu. Quanto mais brilhantes e grandes, melhor. O ouro e a prata resplandecerão sob a luz das velas. As pérolas são muito suaves ao tato.

## Banho, santuário e antessala do paraíso

**Aromas ou perfumes.** Utilize aromas naturais de especiarias ou de flores e também óleos que deixem a pele suave e perfumada. O interior dos cotovelos e das coxas, a nuca... Estimule seu parceiro a fazer o mesmo: escolha o perfume que vocês gostem. Alguns aromas são capazes de aumentar o desejo, como lavanda, sândalo ou âmbar cinza. Outros, como jasmim, patchuli ou almíscar também podem ser muito afrodisíacos e exóticos. Perfume também os lençóis, as cortinas, os tapetes... Cleópatra perfumava as velas de seus navios.

**Loções e pós.** Existem óleos e pós eróticos que esquentam a pele para produzir sensações prazerosas. Você pode comprá-los ou até elaborar receitas simples – tente misturar maisena com baunilha ou amêndoas.

**Feromônios.** O impulso hormonal que produz os feromônios em nosso comportamento afetivo é irresistível. Chamados também de "hormônios do desejo", são substâncias voláteis que emitimos nos momentos de grande excitação, aos quais também se atribui o poder da atração sexual. A indústria cosmética, consciente de seu efeito, chegou a fabricar feromônios sintéticos para elaborar perfumes e concentrados (para misturar algumas gotinhas com sua fragrância habitual). Porém, se você quiser incrementar sua produção de feromônios de forma natural, saiba que fazendo amor ao menos uma vez por semana é possível consegui-lo. É claro que a quantidade e a qualidade dessas relações é diretamente proporcional à quantidade de seus feromônios e, portanto, a seu atrativo sexual. Sim, você entendeu certo: quanto mais sexo praticar, mais irresistível será! Não é uma notícia maravilhosa?

## Acessórios eróticos

Alguns acessórios eróticos podem te ajudar a romper a rotina e aumentar o prazer. Eles existem há séculos. Você sabia que encontraram consolos talhados nas tumbas egípcias? Nos jarros gregos, nas garras de gato* francesas do século XVIII ou nas pinturas chinesas do século XIX também encontramos antecessores dos modernos e potentes vibradores atuais.

Vocês podem comprá-los juntos, imaginando todas as incríveis possibilidades que os esperam. Ou por que não se atrever a fazê-lo sozinha e se surpreender?

Se não conhece bem todas as possibilidades que você tem a seu alcance ou se *sex shops* ainda te impressionam, recomendo-lhe que organize uma reunião "tuppersexo"** com suas amigas. Você aprenderá muito! Sucessoras das clássicas reuniões de venda de potes de plástico (as *tupperware*) na moda na década de 1980, as "tuppersexo" seguem a mesma filosofia. Basta combinar dia e hora e convidar todas as suas amigas. Vocês vão conhecer diversos acessórios eróticos que existem no mercado, com explicações detalhadas de como funcionam.

Ah! Claro que há cada vez mais estabelecimentos eróticos – melhor iluminados e menos sórdidos que os *sex shops* de tempos atrás – nos quais é possível comprar todo tipo de brinquedos sexuais e complemen-

* *Cosquilleador* ou garra de gato é um instrumento de tortura feito de ferro, no formato de uma garra de felino, utilizado na época da Santa Inquisição. Tinha garras afiadas que eram usadas para rasgar a carne da vítima. (N.T.)

** Em português, também chamada de reunião da mala vermelha. (N.T.)

tos como óleos estimulantes, pós aromáticos e com sabores diversos para adornar a pele, assim como lingeries eróticas, entre outras coisas...

A seguir, mostro os acessórios mais comuns:

**Consolo.** Um nome que, de cara, não gosto muito – não se trata de um consolo, mas sim de prazer. Por isso, se você tem outro nome para o seu, use-o. O diâmetro, a dureza e o tamanho são variados, inclusive as cores. Existem aqueles que imitam qualquer pênis (em tamanho, cor e textura), até os estampados (tipo zebra ou leopardo) ou de tamanhos impossíveis. Pode ser utilizado sozinho, para experimentar que tipo de penetração você gosta mais, ou junto com seu companheiro, como complemento do sexo oral – ou quando seu amante está precisando de um descanso, mas você ainda quer mais... São totalmente manuais e não vibram, por isso não precisam de pilhas e podem ser utilizados na água.

**Vibradores.** São instrumentos elétricos de forma fálica, que vibram até provocar o orgasmo. Alguns inclusive têm várias velocidades para que você mesma decida a intensidade que quer. Existem vibradores que funcionam com pilhas e que são à prova d'água – estes podem também ser utilizados na banheira.

Alguns foram desenhados apenas para a estimulação externa do clitóris, enquanto outros modelos admitem uso interno. Há ainda os que têm extensões e permitem simultaneamente a estimulação do clitóris e a penetração.

Além de utilizar em si mesma, é possível também compartilhá-lo com seu amante: ofereça uma massagem sensual com o vibrador nas costas dele, ombros, glúteo... e, quando estiver preparado, nas zonas próximas dos genitais. Se a penetração está acontecendo por trás, pressione o vibrador contra as coxas ou a região pélvica, pois ele transmitirá pulsações de estremecimento no momento da ereção. Quando ele estiver praticando sexo oral em você, tente colocar o vibrador na bochecha: você estremecerá! Depois mantenha na boca unicamente a glande e mova lentamente o vibrador acima e abaixo do pênis.

**Dilatador anal.** É como um consolo, porém mais estreito e mole. É possível começar com um gelatinoso pequeno. Foram desenvolvidos para serem introduzidos no ânus e serem mantidos lá enquanto pratica sexo ou, simplesmente, para aproveitar sua "intromissão". Para estimular o tecido anal, tente introduzi-lo e retirá-lo várias vezes. Com o tempo, e à medida que se dilata mais, você poderá utilizar outros mais grossos e consistentes. Também existem os que vibram.

**Bolas chinesas.** Costumam ser duas bolas de cerca de 4 cm de diâmetro unidas entre si com um fio (geralmente de náilon). São introduzidas na vagina e têm consistência gelatinosa – algumas inclusive vibram. Ideais para sair para fazer compras, passear... Alguns modelos variam no número de bolas e no tamanho. Por exemplo, existe um modelo de dez bolas que vão aumentando gradualmente seu tamanho, de forma que é possível decidir com quantas você quer brincar. Com lubrificação e suavidade, tudo é possível...

**Bolas anais.** É uma tira de bolinhas (bem menores que as chinesas) unidas por um cordão de náilon. As mais comuns são as de silicone. Se retiradas lentamente, uma a uma, aumentam a estimulação da área. Se retiradas uma em seguida da outra, no momento do orgasmo, ele se intensificará. Procure não retirar de uma vez só para não ferir o delicado tecido anal.

**Anéis para o pênis.** Retêm o sangue no membro e ajudam seu parceiro a ter uma ereção mais intensa e prolongada. Existem os de borracha, metal e couro, e devem ser colocados ao redor da base do pênis antes de o homem se excitar, quando ele está ainda flácido ou semirreto. Na primeira vez, não o deixe mais que dez minutos. São próprios para aumentar a sensação de prazer de ambos os amantes. Alguns inclusive têm um pequeno volume estrategicamente posicionado para dar prazer a você também. Mas cuidado, não utilize qualquer aro que tenha às mãos. Vocês podem acabar mal! Tampouco apertem muito o anel e optem por aqueles que podem ser ajustados e retirados facilmente (com velcro ou fecho à pressão).

**Lubrificantes.** São substâncias que ajudam a penetrar melhor, imitando a lubrificação natural do corpo feminino. Podem ser empregados para massagens ou para facilitar a masturbação masculina. Prefira os de base aquosa, como glicerina, já que outros, como a vaselina, destroem o látex da camisinha.

# 4 As posições e seus segredos

## A porta do paraíso

Quantas vezes você se pegou pensando, ao ver a elasticidade das ginastas na televisão, a quantidade de posições que devem ser capazes de fazer na cama? Não seria ótimo se, enquanto faz amor, você fosse uma contorcionista chinesa? Você conseguiria o máximo prazer e surpreenderia sempre o seu amante. Ou como seria ter a experiência e o conhecimento de uma atriz pornô? Vocês nunca se aborreceriam com o sexo e ainda seriam capazes de inventar inúmeras novas possibilidades...

Sejamos realistas: nosso corpo tem limitações. Não adianta nada se machucar na cama tentando posições e contorções impossíveis. Aproveite o que tem a seu alcance! Você não precisa ser outra mulher para aproveitar o sexo e enlouquecer de paixão seu companheiro. Sem dúvida, é interessante ler um pouco de literatura erótica. Apenas no *Kama Sutra*, um dos livros mais conhecidos sobre o tema, é possível encontrar mais de quinhentas posições! As culturas hindu e chinesa são as que mais têm contribuído para a variação sexual no decorrer dos séculos. Os tibetanos também recolheram seu profundo conhecimento na arte do Tantra, ao qual foi dedicado um capítulo neste mesmo livro (veja na página 121).

Para se manter ágil, recomendo-lhe que pratique exercícios. O esporte faz milagres na flexibilidade do nosso corpo e, além disso, te dá uma aparência melhor: seus músculos ficarão mais firmes, sua pele menos tensa e mais luminosa e seu aspecto geral rejuvenescido. Só não precisa ficar obcecada! Lembre-se que você não vai competir numa Olimpíada.

Ainda que seja de forma inconsciente, os homens gostam da ideia de que o corpo da mulher esconde alguma espécie de segredo, revelado na hora da penetração – algo como o sentido da vida... Na verdade, eles têm um pouco de razão. Ao convidá-lo a entrar em seu corpo, você está abrindo a porta do paraíso para ele. Fascinada e elevada pelo ato do amor, você se transforma numa guia do reino do prazer. Trata-se de uma terra onde a penetração transforma-se em revelação, o movimento das pelves em energia e fogo, e as posições sexuais no caminho até o êxtase.

Para sua felicidade, você não precisa ser uma boneca de borracha para realizar essas posições. O mero ato de abrir as pernas com sensualidade e magia, pode aumentar consideravelmente sua excitação – e a de seu companheiro, principalmente. Portanto, não deixe que o sexo se limite à penetração; se enrosque ao redor dele num abraço afrodisíaco, engula sua virilidade com sua ardente vagina e ofereça os segredos de seu perfume. Como a lua, seu corpo misterioso tem a capacidade de enlouquecer um homem simplesmente se movendo pelo céu.

Todos nós temos nossas posições favoritas; são as que mais prazer nos dão e das quais nos custa sair para provar coisas novas. Minha amiga Amanda, por exemplo, casada há mais de quinze anos, assegura que "Depois de termos provado tudo que passava à nossa cabeça e ter tentado – com maior ou menor êxito – quase todas as posições do *Kama Sutra* durante os primeiros anos do casamento, agora ficamos com apostas clássicas, como a papai e mamãe. Valorizamos mais o simples fato de estarmos juntos, nos beijando, sussurrando ao pé do ouvido... Gosto de fazer amor de forma que nossos olhares se cruzem e nossas mãos e bocas fiquem livres para beijar e acariciar".

Mas, se sua relação ainda está num primeiro estágio, em que vocês ainda estão se conhecendo ou se explorando, ou se a sombra do aborrecimento os ameaça, é importante não repetir sempre o mesmo e se aventurar, arriscar. Neste capítulo, proponho uma revisão das posições mais conhecidas... e outras, nem tanto!

Contudo, tenha em mente que nenhuma dessas posições é melhor que outras: tudo depende das pessoas, da situação, do local. Você mesma deve escolher a mais apropriada em função do que deseja e do que o seu companheiro pretende.

O segredo da penetração é que existem múltiplas e maravilhosas interpretações e variações das cinco posições básicas: o missionário, a mulher por cima, a penetração lateral, a posterior e de pé. As possibilidades dependerão da sua imaginação... e também da sua capacidade de contorção. Provem tantas opções quantas queiram, tendo claro na cabeça que o único requisito é ficar bem!

---

## Exercendo pressão

A maneira como os genitais masculinos te tocam influencia o grau de estimulação que vocês podem alcançar durante o sexo. Assim, as pressões são diferentes nas diferentes áreas, como:

- **Na base.** O pênis deve roçar a abertura de sua vagina. Dessa forma, sua estimulação se acelerará, e se seu parceiro tiver orgasmos muito rápido, isso te ajudará a ter uma relação satisfatória.
- **No extremo.** A pressão é produzida entre a glande de seu companheiro e as paredes de sua vagina.
- **No interior.** Para esta é necessário ter certa prática, já que consiste em contrair os músculos da vagina (pubococcígeos), pressionando o pênis dentro de si, de forma intermitente. Vá aumentando gradualmente a força e a rapidez das contrações. Logo, ele poderá fazer o mesmo também. E vocês serão capazes de conseguir uma grande estimulação! Mas lembre-se de que essa técnica não consiste somente em mover a pelve. Para dominá-la, é necessário controlar seus músculos 100%. Há uma série de exercícios que, se praticados durante várias semanas, podem te ajudar.

---

## Papai e mamãe

Este clássico foi injustamente tachado de chato, pouco inspirado, submisso, fora de moda... o preferido de casais moralistas e pouco experientes. Se você também pensa assim, é porque não conhece as maravilhas desta posição ou não trabalhou o suficiente com ela. Não tem nada de submissão! Nenhuma posição sexual é submissa; tudo depende da atitude dos amantes. É importante ter em mente que não vale só deitar e esperar que seu parceiro faça tudo... Esta posição permite a máxima estimulação do clitóris durante o sexo e o máximo contato de pele, lábios, língua, mãos, pés...

A mecânica básica é simples: você se deita de barriga para cima enquanto seu companheiro se coloca por cima, enquanto você mantém suas pernas abertas. Existem tantas variações que é possível transformar esta simples posição num encontro mágico:

**Descaramento.** De forma descarada e provocante, estenda as pernas abertas e, enquanto ele se posiciona, incline o quadril para cima. Assim, seu clitóris ficará exposto às acometidas do osso pélvico de seu companheiro. Se, além disso, você abrir e fechar as pernas para aumentar a fricção labial durante o sexo, seu clitóris se estimulará de forma assombrosa.

**Direto ao coração.** Na posição básica, levante os joelhos até os ombros, cruze as pernas pelos tornozelos e coloque os pés sobre o peito de seu parceiro. Seus pés pressionarão ao redor do coração dele, e você receberá uma grande estimulação no ponto G.

**Apertão.** Com as pernas dobradas pelo joelho, coloque-as sobre os ombros de seu amante e puxe-o para perto de si. Se cruzar as pernas pelas panturrilhas, vai comprimir os lábios vaginais.

**Quadril livre.** Você deve estar na cama de maneira que consiga apoiar os pés na parede de joelhos dobrados. Com seu peso dividido entre os ombros e os pés, seu quadril poderá girar livremente. Outra variação consiste em se deitar na beirada da cama e deixar o glúteo suspendido. Seu parceiro deve ajoelhar-se no chão e posicionar-se entre suas pernas.

Outra variação que te permitirá movimentar o quadril no ritmo do prazer é sentar-se sobre uma mesa, apoiando os pés na parede. Seu companheiro deve ficar de pé, entre suas pernas abertas...

**Rachadura do bambu.** Para os adeptos da ginástica. Você fica deitada na cama com as pernas penduradas. Ele, de pé e com os joelhos apoiados na cama, se inclina em cima de você para lhe penetrar. Para variar, coloque uma perna em cima de seu ombro. E, se quiser caprichar ainda mais, junte as mãos em cima da cabeça.

**Parafuso.** Se você demora a chegar ao orgasmo, esta posição é muito recomendável. Encoste-se na beirada da cama e mantenha suas pernas flexionadas de lado. É muito fácil de fazer e você manterá o clitóris pressionado entre os lábios vaginais.

**Ao contrário.** Esta posição é para pessoas flexíveis e treinadas. Receba seu amante de bruços, com as pernas penduradas na beirada da cama. Ele deve chegar por trás, levantar suas pernas enquanto vocês as enrola em sua cintura e ombros. Suas contorções de acrobata provocarão um prazer ainda maior do que espera receber...

## Você por cima

Estar por cima é ideal para tomar a iniciativa: você pode controlar o ritmo, a velocidade e o nível de penetração. Se você gosta de ser estimulada no ponto G, pode se sentar sobre seus pênis. Se ele colocar a mão em cima do ventre baixo, poderá também esfregar seu clitóris enquanto se move.

**De costas.** Ele se deita de barriga para cima com as pernas ligeiramente abertas e dobradas, enquanto você se deita em cima dele, também de barriga para cima, com as pernas abertas "abraçando" as dele. Assim, ele pode acariciar seu bumbum. E olhos que não veem... a fantasia voa! Você pode expressar com seu rosto o prazer que sente, sem medo de que ele te observe.

## De lado

**Colher de frente.** É muito cômoda porque nenhum dos dois precisa aguentar o peso do outro. Deitados de lado, frente a frente, é só encaixar as pernas. Nesta posição, a estimulação da zona genital é direta e intensa.

**Colher por trás.** Deitada de lado, seu amante te penetra por trás. Se você abrir as penas e levantar um pouco os joelhos, facilitará o trabalho. É muito agradável sentir as carícias em seus seios. É ideal para gestantes.

**Lei da alavanca.** De lado, coloque uma de suas pernas por baixo das coxas dele, e posicione a outra em cima do ombro dele. Seu amante pode fazer com que você se deslize sobre ele, agarrado a seu quadril e a sua perna. Como já deve imaginar... esta posição é perfeita para fortalecer músculos e emagrecer! Quem precisa de ginástica?

**Abraço total.** De frente para ele, para conseguir uma penetração mais profunda, o abrace com suas pernas, envolvendo a cintura dele.

**Tesoura.** Suas pernas se entrelaçam como uma tesoura. A partir daqui, pratique todas as variações que conseguir imaginar... O movimento consiste em deslizar e balançar o quadril, apertando seus músculos PC (pubococcígeos). É possível ter um orgasmo rápido porque seu amante pode estimular o clitóris com facilidade.

## De pé

**De frente.** Apoie suas costas na parede, de frente para o seu amante. Se você for de baixa estatura, use salto, suba numa escadinha ou num par de listas telefônicas velhas... Quando os genitais de ambos estiverem no mesmo nível, incline a pelve para a frente. Para facilitar a penetração, cerque o quadril dele com uma de suas pernas, mostrando bem sua vagina.

**Suspensa no ar.** Se seu amante está em boa forma física, prove enroscar suas pernas na cintura dele e passar os braços ao redor de seu pescoço.

Ele te fará voar! Se seus braços cansarem, apoie a bunda em cima de uma bancada ou mesa alta, enquanto ele continua as investidas.

**Contra a parede.** Alguma vez você já pensou o que pode sentir quando alguém te domina? Deixe que ele te jogue contra a parede, abra suas pernas e mãos e que te penetre por trás. Apoiando-se com uma mão, você pode utilizar a outra para se estimular.

**Fazendo uma ponte.** A origem desta é africana. Partindo da posição vertical, desça as mãos até o chão. Fazendo uma ponte com seu corpo, todo o seu peso ficará sobre suas mãos, ombros e pontas dos pés. Seu companheiro se ajoelha e se coloca entre suas pernas até lhe penetrar. Nesta posição, a flexão erótica de seu quadril te fará apertar os músculos e incrementar as contrações orgásticas.

## No chão

**Cachorrinho.** É fácil imaginar o que seja, não? É bem simples: coloque-se de joelhos, com as mãos ou os cotovelos apoiados no chão. O homem, também de joelhos, te penetra por trás. Se você não gostar de perder a intimidade proporcionada pelo "cara a cara", pode ficar perto de um espelho, para que ele veja suas expressões de prazer. Esta posição tem muitas variações. Veja alguns truques para modificá-la um pouco: deslize seus dedos na área por cima de seu monte de Vênus e pressione, fazendo com que seu companheiro perceba, ou dobre as mãos por trás da nuca e pressione o rosto e os seios na cama, apertando as pernas fortemente ao redor das coxas dele, comprimindo-as.

**Medusa.** Apenas para pessoas fortes e ágeis. Seu amante se coloca de cócoras no chão. Você fica em cima dele, sentada sobre suas coxas. Guie seu sexo enquanto ambos se movem.

**X.** Ele se senta no chão com as pernas estendidas e você, em cima dele, passando as pernas por cima dos braços dele. Os ombros dele devem ficar encaixados com seus joelhos. Vá para trás e balance para marcar o movimento. Se você quiser que ele assuma o controle, pode pegá-lo pelo quadril.

## Para conseguir o dobro: dois é melhor que um

Vocês viveram um louco encontro, cheio de força e paixão. Mas, em vez de te deixar satisfeita, esta experiência acabou despertando em você um desejo ainda maior. Você sente esse desejo crescer dentro de você, te queimando e te consumindo... Por que esperar a próxima vez? Por que não aproveitar a energia sexual que te invade aqui e agora? Tome a iniciativa, deixe seu parceiro excitado novamente. Sem dúvida, a melhor forma de fazer isso é com sexo oral. No capítulo Culto ao pênis (página 67), descrevo todos os segredos e práticas. Se for preciso, releia-o. Dê a ele alguns segundos de descanso e coloque as mãos à obra. Comece devagar: depois do orgasmo, o resto do corpo fica muito sensível. Por isso, talvez seja melhor acariciar todo seu corpo, esfregar-se sobre ele, pressionando seu corpo contra o dele.

Se você gosta de ser direta, siga o truque que aprendi com uma prostituta há alguns anos, enquanto preparava outro livro: "Quando o homem esfria, me sento em cima dele, levantando-me um pouco sem deixá-lo sair todo de mim. Mantenho a ponta do pênis na minha vagina, contraindo meus músculos PC. Sem deixar de acariciá-lo em seus pontos erógenos com uma de minhas mãos, utilizo a outra para deslizar o prepúcio para cima e para baixo. Vou trabalhando até que ele volte a ferver pouco a pouco...". Pode ser uma possibilidade.

E que tal se você se der prazer na frente dele? São poucos os que aguentam ver a mulher se masturbando na frente deles sem querer participar da festa. Olhe-o fixamente, convidando-o a participar. Fique atenta ao mínimo indício de excitação; quando acontecer, introduza-o novamente em seus jogos. Ainda que a princípio ele se sinta esgotado, certamente vai agradecer, quando a folia acabar, por ter uma mulher tão fogosa e insaciável.

Se algum dia, por qualquer motivo que seja, ele não conseguir, não entre em pânico. Não dê tanta importância: se nós exigimos que eles entendam quando não estamos com vontade... por que não deveríamos fazer o mesmo?

## Algumas técnicas para melhorar o sexo

- **Respiração.** Certamente, seu parceiro chegará primeiro ao orgasmo. Se quiser que os ritmos dos dois sejam parecidos, é possível utilizar algumas técnicas respiratórias. Quando se respira ou fica ofegante rápido, a excitação acelera e, consequentemente, se chega antes ao orgasmo. Mas se você pedir para ele respirar lentamente, suas rápidas palpitações decrescerão, e é mais provável que consigam alcançar juntos o ápice. Você também pode acelerar e controlar seu orgasmo se quiser. Uma mulher que pratica regularmente a masturbação consegue controlar seus músculos vaginais, sabe estimular corretamente seu clitóris, e pode chegar ao orgasmo em apenas alguns minutos. Minha amiga Silvia vai mais longe e se masturba durante o ato sexual: "Pensei que fosse estranho para meu namorado, mas a primeira vez que fiz isso ele me assegurou que ficou excitado e que isso o ajudou a mover-se ainda com mais entusiasmo dentro de mim".
- **Pressão.** Para retardar a ejaculação, é possível praticar diferentes táticas: pressionar o períneo com dois dedos, debaixo da cabeça do pênis ou na base. Você também pode pegar a área de cima dos testículos e abaixar suavemente, por no máximo 30 segundos.

# 5 Conhecendo seu aliado

A melhor maneira de seduzir um homem e fazer com que ele caia em nossa armadilha de amor é conhecê-lo bem. Dessa maneira, você poderá neutralizar seus defeitos ou carências e extrair o máximo de sua condição masculina. O segredo está em observar, perguntar e ensinar tudo aquilo que você acredita que ele deve saber (onde acariciar, como fazer, o que te deixa louca...). Sim, certamente seria genial se ele chegasse a todas as conclusões sozinho e conhecesse seu corpo e suas reações até melhor que você mesma... Mas enquanto isso não acontece, ensine-o! Você não vai se arrepender.

Este capítulo é uma viagem à psicologia sexual do homem. Muitas mulheres se desesperam diante das condutas masculinas aparentemente incompreensíveis. Se serve de consolo, com eles acontece o mesmo...

## Algumas considerações sobre os homens

Abaixo, selecionei algumas das questões mais frequentes que as mulheres fazem sobre a psicologia masculina, discutidas por M.C. Banús no livro *El poder de la seducción* (título não publicado no Brasil):

**São infiéis por natureza?** Alguns estudos asseguram que o homem se apaixona e se desapega com maior facilidade do que a mulher. De acordo com uma hipótese da zoologia evolutiva, a explicação está no fato de que o homem busca perpetuar seu gene de modo inconsciente, fecundando o maior número possível de fêmeas. Já a mulher, ao contrário do homem, busca o macho ideal para o bem-estar e segurança do núcleo familiar. Sendo assim, enquanto ele aposta na quantidade de relações, nós o fazemos pela qualidade da união. Isso é o que a teoria diz. No entanto, não há motivos para preocupação, pois os homens mais interessantes e evoluídos – aqueles que você procura – superaram essa condição e são perfeitamente capazes de amar e ser fiéis a uma só mulher. Além disso, você sabe como tecer uma rede amorosa e sexual da qual ele não vai querer nunca escapar.

**Todos têm pânico de compromisso?** Embora seja uma atitude bastante generalizada em muitos homens, sobretudo no início de uma relação, também há os que ardem de desejos em fundar uma família. A atitude dele depende basicamente de como foi sua experiência afetiva. Se cresceram numa família estruturada e harmônica, desejam reproduzir esse mesmo modelo quando se emancipam. Funcionam por imitação: se têm muitos irmãos e a experiência é positiva, é muito provável que desejem ter uma família numerosa. Outro fator que influencia é sua história romântica particular: os homens que viveram uma separação traumática se colocam na defensiva e repugnam o compromisso sistematicamente. Por conta disso, o antídoto é fazê-los entender que, se não se decidirem, correm o risco de perdê-la...

**Por que têm tanta dificuldade em expressar seus sentimentos?** É fato que as mulheres superam os homens em capacidade verbal, enquanto eles parecem ser mais bem dotados para as tarefas de habilidade espacial. As últimas descobertas científicas revelam que essa diferença poderia ter uma explicação hormonal. Em todo caso, muitas vezes, diante de sua incapacidade para expressar o que sentem, os homens optam pelo silêncio. Muitas mulheres também se queixam de que os homens são muito atentos e detalhistas no princípio, mas logo relaxam e deixam as atenções de lado. De acordo com o filósofo social Michael Girian, existem diferenças fundamentais no cérebro do homem e da mulher – diferenças essas que explicariam os comportamentos distintos. Descobriu-se, por exemplo, que o cérebro masculino produz menos oxitocina (hormônio da fidelidade) e menos serotonina (hormônio da felicidade). Isso justificaria sua menor propensão a falar de sentimentos com sua parceira.

**O vício em trabalho é algo inerente ao homem?** Infelizmente, isso acontece com a maioria. O homem ainda não pode desprender-se de sua tarefa de provedor desde que desceu das árvores para sair à caça. No entanto, parece que a competitividade tem nos homens uma origem hormonal. Alguns hormônios tipicamente masculinos, como a testosterona ou a vasopressina, fazem com que o homem sinta desejos de sempre competir com os demais e colocar-se à prova.

**Por que são tão bagunceiros?** Esta é outra particularidade do cérebro masculino: capta menos detalhes sensoriais do que o feminino porque é menos sensível à desordem ou à sujeira. Em contrapartida, o homem funciona por meio de objetivos básicos muito delimitados: trabalhar, descansar, comer, manter relações sexuais, dormir... O aspecto da casa não costuma estar em sua lista de prioridades. No entanto, isso já está mudando. Há cada vez mais homens morando sozinhos antes de dividir a casa com uma parceira; eles estão aprendendo as habilidades domésticas e o gosto pela ordem e pela limpeza.

**O futebol está em seu código genético?** Sua fixação desmedida por esportes ou por filmes de ação tem uma explicação muito simples: serve como terapia para relaxar do estresse cotidiano e do excesso de trabalho. Relaxam ao ver jogadores correndo atrás de uma bola ou qualquer filme que não requeira o uso demasiado de neurônios. Está pensando em outra forma de distrair seu homem? Ânimo! As estatísticas também mostram que só há uma coisa que os relaxa mais que o futebol. Adivinha o quê?

**O que suas melhores amigas têm que tanto lhes atraem?** Basicamente, o fato de estarem perto. Os homens são também pouco sofisticados no que se refere à atenção que prestam numa mulher. Mas não se preocupe: não há motivos para alarde. O homem é "olheiro" por natureza – por isso, a indústria da pornografia se dirige exclusivamente a eles –, porém a maioria prefere ficar longe de complicações! Em todo caso, olhar para outras mulheres ou alimentar fantasias com elas não significa que eles tenham a intenção de ir além. Você mesma não passou despercebida por esse novo e sexy colega de trabalho, não é?

## Como educar seu companheiro

Acima da compreensão, da cumplicidade, do carinho, da atenção... o sexo é uma poderosa arma para manter seu companheiro loucamente apaixonado. E como o sexo é coisa para dois, é importante aprender a dar e receber prazer da mesma forma.

Uma vez tive um amante que, apesar de bem instruído na arte do sexo, não sabia como sincronizar nosso prazer para que ambos aproveitássemos ao mesmo tempo. Ele acreditava que o que eu queria era mais orgasmos, mas na realidade eu ardia de desejo por fazer amor de um modo mais apaixonado e estimulante. Decidi, então, tomar as rédeas. Com a ideia de transformar meu parceiro, comecei a pensar em sexo mais vezes, a pôr em prática técnicas mais prazerosas e a idealizar novas situações em que pudesse estimular nosso desejo ainda mais. Foi daí que surgiu muito material para este livro! Em pouco tempo, encontrei-me cruzando novas fronteiras sexuais e comecei a me sentir uma autêntica deusa do prazer. Na cama, minhas mãos tomaram vida e encontraram novas formas de acariciar, excitar e estimular meu companheiro. Minha sensualidade redescoberta, que emitia uma alta voltagem, parecia perfurar a armadura inconsciente de meu companheiro e despertar certa magia oculta em seu interior. Gradualmente, começamos a fazer amor com mais sensibilidade e poder. E assim cheguei à conclusão de que os homens, que são feitos para lutar e cumprir metas, normalmente não sabem como desfrutar da viagem. Sobretudo no sexo, seu corpo e mente são mais resistentes e decididos. As mulheres, ao contrário, se abrem ao ato de fazer amor, convidando a penetração, a emoção e a revelação para percorrerem sua carne e seu coração.

Dessa forma, como guardiãs dos mistérios do amor, está em nossas mãos a tarefa de iniciar nossos homens nos segredos de sua própria sexualidade e treiná-los nas artes do romantismo, nos preâmbulos do amor e no ato sexual profundamente erótico. Temos que incentivá-los a serem exploradores em vez de guerreiros armados, a brandir uma varinha mágica no lugar de uma espada fanfarrona. Temos que exercer o poder que sempre tivemos, mas quase nunca usamos, para transformar nossos homens nos amantes com os quais sempre sonhamos.

## Consiga o que quiser

Muitas vezes, o maior desafio numa relação é conseguir que o homem nos escute. Porém, como fazer com ele que se torne mais receptivo? Como fazer com que nossas palavras e desejos não caiam num saco sem fundo? Se quiser chegar ao coração dele, aprenda o caminho...

**Fale a mesma língua que ele.** Enquanto as mulheres são, sobretudo, auditivas e emocionais, os homens são mais visuais e táteis. Por isso, se queremos que nos escutem, temos que fazê-los ver com fatos, mais do que com palavras. Sua aparência é sem dúvida uma boa maneira de chamar a atenção dele. Vista-se de forma sedutora, sorria, atraia a atenção dele para você mesma. Gostamos de falar, mas os homens respondem melhor ao tato. Com eles, uma carícia sensual é mais eficaz do que mil palavras. Toque o braço dele quando falar, acaricie seu membro espontaneamente enquanto assistem à televisão, faça um carinho em sua bochecha com os dedos antes de dizer algo importante. Assim, ele ficará sensibilizado, abrandando o coração. Você definitivamente vai fazer com que ele preste mais atenção.

**Elogie.** Diga diversas vezes o quanto você fica excitada com a sua virilidade. Os homens precisam se sentir poderosos. Portanto, inclusive antes de ser realidade, elogie-o por ser tão maravilhoso e especialista em lhe proporcionar o que você deseja. Como num passe de mágica, ele vai começar a acreditar nessa imagem e vai se colocar à altura de tantos elogios. A maioria dos homens não tem nem ideia de quais são seus atrativos mais cativantes. Diga-lhe, revelando detalhes que ele desconhece sobre si mesmo; diga que suas longas sobrancelhas e seus olhos cor de mel fazem inveja para todas suas amigas, que o buraquinho que tem no queixo é extremamente sexy. Faça-o saber que te encanta o modo como ele a beija e que ele é o único que faz massagens nos seus pés. Ele se sentirá especial e valorizado e terá vontade de aprender mais.

**Mais sexo.** Para as mulheres, o amor leva ao sexo; para os homens, o sexo é a porta de entrada do amor. As sensações eróticas deles, muitas de suas emoções e muitas vezes até sua capacidade de raciocínio estão centradas em seu falo. Comece por aí, com gentilezas, carícias e olhares desejosos e praticamente poderá conseguir o que quiser.

**Ofereça inspiração.** Em vez de querer que ele seja algo que não é, inspire-o para que seja mais do que já é. Acredite nele. Seja mais feminina, bela, doce, sensível e sábia a ponto de despertar nele o desejo de ser homem suficiente para te merecer. Provoque sua imaginação e ele descobrirá formas originais de te dar prazer.

## Consiga o que gosta na cama: diga com...

**Palavras.** Os homens também desejam nos enlouquecer na cama; são tão desconcertados como nós em muitos aspectos da sexualidade. Por isso, apreciam quando dizemos o que gostamos. Mas cuidado! Eles não suportam ordens excessivas, valorizam mais as instruções simples. Portanto, enfeite suas sugestões com agrados sinceros, mas amorosos, ou até com humor. Diga, por exemplo: "Humm, gosto muito disso, mas se for um pouco mais rápido... Aí sim..." ou: "Adoro ter você dentro de mim, mas espera até que estejamos mais quentes". Depois, comente elogiosamente quão bom foi, que fez você ir até o céu e que você transbordou de satisfação e prazer. Isso o animará a seguir suas instruções e sugestões e o tornará mais atento a seus desejos.

**Gemidos, suspiros, gritos, suspiros...** Cada vez que ele fizer algo muito bem, exagere na resposta positiva, mostrando o quanto gosta daquilo. Você também pode sussurrar gentilezas ou falar ao pé do ouvido "Sim, sim" para que saiba que está indo por um bom caminho.

**As mãos.** Coloque as mãos dele exatamente onde quer que estejam, inclusive entrelaçando os dedos com os seus para ajudá-lo a exercer a pressão, velocidade e direção corretas.

**Seu corpo.** Seja atrevida. Se quiser que ele preste mais atenção a seus seios, esfregue os mamilos nos lábios dele. Se anseia por uma melhor estimulação do ponto G, dê meia-volta e se ofereça de quatro. Reforce suas respostas com suspiros e gritos de prazer.

**Literatura erótica.** Leia algum trecho em alto e bom som que descreva a ação que deseja realizar (inclusive trocando os nomes pelos de vocês). Isso traz efeitos surpreendentes e imediatos. Você mesma pode escrever, ou pode deixar um recado provocante sobre a almofada.

**Fantasias.** Confesse que durante todo o dia tem fantasiado com a ideia de que ele arranque sua camisa e lamba demoradamente seus mamilos, em círculos, e que essa ideia te excita tanto que você até saiu mais cedo do trabalho porque não estava conseguindo se concentrar... Não se surpreenda se ele ficar a mil em instantes e seguir ao pé da letra o roteiro de sua fantasia!

**Orgasmos.** Durante o êxtase do clímax, nos encontramos num estado hipnótico e altamente influenciável. Nesse momento, suas ideias e desejos podem voar diretamente do seu subconsciente e alojar-se nele, para retornar à superfície como inspirações brilhantes de sua genialidade. Se, no momento do orgasmo, você se concentrar na imagem dele massageando seus lábios vaginais daquele jeito delicioso que você tanto gosta, isso pode gerar uma profecia que se cumprirá num futuro encontro amoroso.

**Pactos eróticos.** Com o pênis dele vibrante em sua mão, diga que oferecerá o sexo oral mais erótico de sua vida, se antes ele fizer massagens no seu ponto G até que você atinja o orgasmo. A vantagem do pacto erótico é sempre conseguir o que quer... Um truque: seu poder de negociação aumenta se sua mão, boca ou o seu aveludado sexo estiverem em contato direto com o terminal cerebral que ele tem entre as pernas...

## SINCRONIZANDO RITMOS

Do ponto de vista biológico, os homens se excitam e se saciam com muita rapidez, enquanto as mulheres vão esquentando a fogo brando, mas podem se manter excitadas durante horas. Dessa forma, como coordenar esses ritmos tão discordantes?

**Aumente as preliminares.** Depois de uma meia hora dedicada aos jogos amorosos, os corpos de ambos sofrem uma mudança fisiológica: a tensão dele relaxa e se transforma em erotismo, e o corpo da mulher se excita e se abre voluptuosamente. Portanto, procure prolongar a etapa inicial. Distraia a atenção de seu impaciente pênis chupando os dedos dos pés dele ou oferecendo os seios para seus lábios. Depois de uns trinta minutos, seus ritmos estarão mais sincronizados.

**Comece a esquentar os motores.** Aproveite a viagem de ônibus para casa ou o tempo de lavar os pratos para pensar nas carícias de que tanto gosta e como você está com tesão. Vá esquentando a fogo brando sua delicada paixão por todo o dia... Toque-se amorosamente, admirando suas suaves curvas e lugares secretos, estimulando ondas de prazer orgástico que podem vir à tona quando ele te beijar suavemente.

**Use sua persuasão erótica.** Antes de começar o jogo amoroso e antes da paixão tomar conta de vocês, explique que, quanto mais as preliminares durarem, mais excitada você ficará e mais intensos serão seus orgasmos. A promessa de um final dos mais selvagens fará com que o caminho seja muito mais lento e intenso.

**Pressione o períneo.** Utilize essa técnica para retardar o movimento inevitavelmente apressado de seu companheiro. Isso te dará a oportunidade de colocar-se ao nível dele. Também serve para levá-lo a um clímax de prazer que no futuro você vai tirar proveito.

**Aproveite o momento do pós-sexo.** Os momentos mágicos que ocorrem no pico do êxtase são ideais para equilibrar os ritmos desiguais e construir uma intimidade mais sólida. Para prolongar seu prazer, desfrute das ondas que continuam depois do orgasmo, fazendo-as correr mentalmente por seus membros, barriga, coração e cabeça. E, enquanto ele está entrando rapidamente no mundo dos sonhos, grave suas marcas nele: mantenha-o quentinho dentro de você e dê um apertão de vez em quando com os músculos PC. Massageie suas costas, acaricie seu pescoço, sussurre, diga quão incrível ele a faz sentir e o quanto você gostou... Esses momentos em que ambos estão relaxados e saturados de felicidade absoluta são aqueles em que você pode modelar a sexualidade dele para que se acople a você como se fosse uma luva de seda.

# 6 Culto ao pênis

## Anatomia do pênis: conhecendo bem suas partes

Vários momentos de uma massagem fálica podem ter um efeito especial se você se concentrar brevemente apenas numa pequena área, para em seguida estender as carícias para todas as partes – e depois, talvez, voltar à mesma área de antes, ou escolher uma nova. Utilize sua intuição e preste atenção aos gemidos dele para determinar em que pontos suas investidas são mais apreciadas.

### Glande

É o que você vê quando retira o prepúcio. A ponta do pênis é muito sensível e contêm milhões de terminações nervosas – é também chamada popularmente de cabeça.

- **Você o deixará louco se...** lamber e chupar suavemente.
- **Não deve...** tocar com as unhas, lamber com muito entusiasmo ou estimulá-la depois da ejaculação.

- **Carícias.** Com uma mão, sustente o pênis firmemente para cima e, com a palma da outra mão, faça pequenos círculos na ponta; alise-o de lado a lado e de cima a baixo. Você também pode colocar as pontas dos dedos sobre a cabeça, apertando a glande e sua extremidade. Se seu amante não é circuncidado, massageie-a primeiro pela frente e depois deslize para baixo lentamente para deixá-la descoberta, acariciando a pele mais sensível que existe embaixo dela. Com delicadeza, você também pode deslizar o polegar na abertura da glande e, então, fazer uma suave massagem. Observe atentamente o rosto de seu amante para saber as reações que seus movimentos provocam nele.

## Crista da coroa

É a parte posterior da glande que se sobressai. É muito sensível.

- **Você o deixará louco se...** rodeá-la com a língua e lamber a parte de baixo.
- **Não deve...** tocar com os dentes. Ai!
- **Carícias.** Segure a prega da pele da base do pênis, formando um anel com o polegar e o indicador; gire os dedos ao redor do pênis, no ponto exato onde começa a glande. Ocasionalmente, eleve o anel até sobrepassar a ponta de seu palpitante membro. Neste ponto reflexológico, você está favorecendo a expressão dos pensamentos, sentimentos e generosidade de seu companheiro.

## Corpo do pênis (talo)

É a parte principal do pênis. Contém três cavidades eréteis e esponjosas, que se enchem de sangue e provocam a ereção. Lembre-se de que a parte inferior do talo (a que está mais próxima das pernas dele) é extremamente sensível.

- **Você o deixará louco se...** segurá-lo com uma pressão média. Pegue-o como se fosse uma lata de refrigerante: nem tão forte como se fosse estourá-la (ai!), nem tão suave como se fosse derrubá-la.
- **Não deve...** apertar muito ou tocar com carícias frouxas, cafonas e irritantes. Se você vai agarrá-lo, *agarre-o.*
- **Carícias.** É a parte mais sensível. Exerça quase toda a pressão ali.

## Freio

É o pedaço da pele que une o prepúcio (se ele existir) com o talo do pênis. Pode ser comparado ao clitóris quanto à sensibilidade.

- **Você o deixará louco se...** segurá-lo entre os lábios, lambê-lo e gemer ao mesmo tempo.
- **Não deve...** arrancar ou puxar como se fosse uma corda flexível.
- **Carícias.** Agarre o pênis firmemente pela base enquanto passa seu polegar em círculos hipnóticos sobre este ponto ultrassensível. Você também pode massageá-lo com o polegar e indicador ou usar a base da mão, com os dedos estendidos sobre seu ventre, para desenhar círculos de absoluto delírio, que estimularão toda a zona pélvica.

## Períneo

É a área entre os testículos e o ânus. Está cheio de terminações nervosas que são quase tão sensíveis quanto as do pênis. A glândula prostática também pode ser estimulada pressionando o períneo. Ao constituir a parede exterior da próstata, a zona do períneo tem sido comparada à hipersensibilidade da mulher.

- **Você o deixará louco se...** massageá-lo, acariciá-lo, lambê-lo...
- **Não deve...** espetar ou cravar algo nessa região.
- **Carícias.** Utilize a base da mão ou os cotovelos para fazer vibrar a área do períneo enquanto o acaricia ou simplesmente sustenta seu membro. Também pode pressionar o períneo suavemente para dentro e para fora com vibrações que conduzirão seu parceiro ao transe.

## Prepúcio

Não é sensível, mas este pedaço de pele que recobre a ponta do pênis é útil para estimulá-la.

- **Você o deixará louco se...** levá-lo para trás com a língua.
- **Não deve...** alongá-lo. Não é uma área especialmente sensível, por isso não gaste muito tempo aqui. Você deve apenas retirá-lo do caminho.

## Abertura uretral

É a abertura do pênis que libera urina, sêmen e fluido antes de ejacular. Sensível.

- **Você o deixará louco se...** lamber ou passar a língua por cima dela em círculos.
- **Não deve...** introduzir algo.
- **Carícias.** Alguns homens gostam que introduza a ponta da língua bem suavemente na abertura. Pergunte-lhe primeiro.

## Saco escrotal

São as bolsas que contêm os testículos. Normalmente o saco é flácido, mas se retrai quando o homem está excitado, assustado ou com frio. Toque com cuidado: é bem sensível.

- **Você o deixará louco se...** rodeá-lo com as mãos, acariciá-lo e lambê-lo. Alguns homens adoram ser sugados nesta área. A pele é inclusive mais sensível que a dos testículos, ou seja, concentre seus esforços segundo os gostos dele.
- **Não deve...** apertá-lo, esticá-lo, ou bater sem querer. É muito doloroso.
- **Carícias.** Meça seus delicados bulbos numa mão enquanto a outra agarra seu pênis entre o polegar e o indicador. Mantenha a palma da mão que sustenta os testículos fazendo movimentos circulares na superfície deles, arranhe sem apertar e beije-os de vez em quando.

## Ânus

É a abertura do reto. É bem sensível ao tato, porque está rodeada de nervos e pelos finos, sendo por isso uma área muito receptiva. Incha quando ele está excitado. Dentro do ânus se encontra a glândula prostática, que às vezes é chamada de "ponto G masculino". É incrivelmente sensível ao tato. De fato, pode provocar uma ejaculação espontânea.

- **Você o deixará louco se...** explorá-lo e lambê-lo.
- **Não deve...** arranhar.

## Adoração fálica

Agora que já sabemos algo sobre a psicologia do homem, vamos nos focar em uma de suas partes mais sensíveis: o pênis. Uma simples – mas importantíssima – chave para enlouquecer um homem de prazer e chegar a sua mais profunda sexualidade é conectar-se com seu membro viril. Diferentemente da sexualidade feminina, que é quase mais emocional que física e engloba todo o corpo, a sexualidade de um homem se concentra basicamente em um único órgão: o pênis. Conectar-se com ele, sabendo como despertá-lo e adorá-lo, é a chave para chegar sexualmente ao coração de um homem. Se conseguir chegar ao desejo e fascinação, você vai emocioná-lo e vai criar uma profunda conexão entre ambos.

A chave de um excelente sexo oral – que ambos possam aproveitar loucamente – é adorar essa extensão do corpo dele, cheia de poder e virilidade. Venere, acaricie, nomeie... derreta-se diante dele como se fosse um pedaço de um delicioso chocolate belga. Se você o contemplar, cheirar e provar dessa forma, seu companheiro ficará perdidamente entusiasmado e ambos gozarão de um êxtase delirante. Lembre-se: o segredo para fazer um bom serviço é o entusiasmo.

---

### Imagine que você tenha um pênis

O melhor conselho que posso te dar para que se conecte com o pênis dele é que imagine que seja seu. A próxima vez que se encontrar com ele, segure-o com uma mão, feche os olhos e sinta o que ele sente. É uma boa maneira de "entendê-lo" e descobrir que carícias são as mais excitantes. A primeira vez que provei isso, meu companheiro estava eufórico. Troquei minhas carícias. Sempre havia segurado o pênis com bastante força e dessa vez tentei fazê-lo com menos fervor e tratá-lo como se eu mesma estivesse recebendo as carícias. A partir desse dia aprendi a entendê-lo e a desfrutar de minhas carícias quase tanto quanto ele.

---

## SEXO ORAL

Para muitos homens, o sexo oral oferece um prazer tão intenso que, em algumas ocasiões, eles até podem preferir isso à penetração. Sugar o pênis, segurando-o com os lábios e lambendo-o com a língua cálida enquanto o acaricia e o enfia até o fundo da garganta, é suficiente para conduzi-lo a um prazeroso orgasmo – mas existem algumas técnicas para incrementar o prazer dele e transformar este ato numa "experiência religiosa".

### Técnicas para intensificar o prazer

- **Por cima da roupa.** Comece a acariciar e lamber o pênis antes inclusive de tirar as calças dele. Sentir o alento cálido através da roupa é muito erótico e ajuda a esquentar os motores imediatamente. Incline-se e envie uma baforada ardente através da cueca. Então, umedeça o tecido com a língua e deslize-a pelo palpitante membro algumas vezes.

- **Língua de gato.** Se na primeira aproximação o pênis está ainda frio, comece lambendo apenas a cabeça com muita suavidade, como se fosse uma dócil gatinha, até que comece a endurecer. Depois, introduza-o em sua boca apenas com os lábios e pressione a ponta. Quando estiver totalmente ereto, chupe todo o membro como se fosse um pirulito. Você também pode introduzi-lo em sua boca enquanto ainda estiver flácido para sentir como cresce! Mas não comece a mover a boca para cima e para baixo até que ele esteja pelo menos semirreto. Quando estiver na boca, *não deixe de mover a língua*. Isto é o que cria a verdadeira estimulação.

- **Supersucção.** Quando estiver com o pênis completamente dentro de sua boca, cubra seus dentes com os lábios e retire-o lentamente sugando o mais forte que puder. Ao chegar à ponta, abra os lábios e deixe de sugar e, de uma vez só, volte à base para retomar a sensual sucção de retirada. Repita algumas vezes até que ele fique louco ou, como sugerem os professores taoístas, alterne suas séries de sucção com golpezinhos com a língua sobre a glande. De uma forma ou outra, rapidamente ele estará transbordando de desejo.

- **Viagens ao fundo.** Depois de lamber um pouquinho só a ponta, de repente você pode dar ao órgão uma viagem completa até o fundo de sua boca faminta. Em seguida, continue dedicando-se apenas à ponta, para realizar mais tarde três viagens completas até o fundo. E assim sucessivamente.

- **Utilize o paladar.** Ele pode lhe proporcionar uma estimulação adicional. Deslize-o de forma tentadora pelas ondulações do céu da sua boca. Ocasionalmente o provoque distanciando-se. Logo, pegue a dura ponta da língua na fenda de sua glande e faça-a vibrar. Você o enviará direto para as nuvens.

- **Mordidinhas de prazer.** Para variar um pouco, morda o pênis delicadamente, sem pressionar.

- **Falsa boca.** Como você não consegue ter o pênis por inteiro em sua boca durante todo o tempo, complemente a longitude da cavidade com suas mãos. Faça isso de forma gradual, começando apenas com a boca e adicionando primeiro o polegar e o indicador, e depois o restante dos dedos ou até mesmo a outra mão. Chupe e estire em direções opostas, ou coloque os dedos em círculo nos lábios e mova-os para cima e para baixo aos pares. Ele não poderá distinguir entre a boca e as mãos e ficará louco de prazer.

- **Não se esqueça dos testículos.** Lamba sua glande, o freio (prega que liga a glande ao prepúcio), o interior das coxas... e os testículos. Paula, uma amiga minha especialista em jogos sexuais, me contou que um de seus segredos mais eróticos era fazer rodar os testículos suavemente com suas mãos, enquanto engolia o pênis de seu amante. Você também pode cobri-los com os lábios, mantendo a mão no pênis, e suavemente realizar círculos com a língua, na parte inferior do testículo. Varie um pouco, colocando-os na boca e dando empurrõezinhos com o nariz. Isso deve colocar numa tensão orgástica a pele do prepúcio.

## Outros estímulos

- **Preservativos de sabores.** Existem os de morango, chocolate, menta... Coloque o preservativo em seu companheiro da forma mais sensual possível. Um truque mágico que encanta os homens é colocá-lo com a boca. Desenrole-o um pouco primeiro para deixá-lo mais flexível e depois volte a enrolá-lo. Aplique um lubrificante nos lábios e no receptáculo do preservativo. Segurando-o entre os lábios, coloque-o na ponta do pênis. Comece a desenrolá-lo usando a língua para impulsionar um pouco as bordas até embaixo. Em seguida, com os dentes cobertos pelos lábios, empurre contra o aro para desenrolá-lo até o mais fundo possível. Deslize os dedos sobre o látex para completar a obra. É possível praticar este truque com uma banana até que domine a técnica e se atreva a agir.

- **Fale dele.** As palavras são afrodisíacos muito potentes. Diga a ele, entre sussurros, o quão maravilhoso é seu pênis, o quanto ele te excita, o quão firme e potente ele é e o tanto que você gosta de chupá-lo. Sem fazer nada físico, somente com essas palavras, você terá esquentado o sangue dele e o seu de uma só vez.

- **O perigo de serem descobertos...** pode ser um estímulo encantador para qualquer encontro sexual. A tensão do momento, enquanto você se esforçam para não fazer barulho nem chamar a atenção, é muito erótica. Elevadores, provadores, parques, corredores, praias... ou o escritório depois do expediente são lugares perfeitos para um ataque surpresa.

- **Cante para ele...** e não precisamente ao ouvido. Quando estiver com seu pênis na boca, cantarole. Sim, eu sei que pode parecer estúpido, mas a sensação é fabulosa. As vibrações o atravessarão. Também pode lhe dizer entre sussurros palavras e frases eróticas. Certamente ele não te ouvirá, mas isso não é o mais importante...

- **Milho quentinho.** Segure o pênis de lado na boca, como se fosse uma espiga de milho. Dê mordidinhas acima e abaixo (simplesmente roçando os dentes), mas mostrando que está mordendo.

- **Frescor mentolado.** O ardor refrescante da menta na boca e a língua produzem uma sensação divina em qualquer pênis. Antes de fazer sexo oral, chupe uma bala de menta ou eucalipto ou faça gargarejos com enxaguante bucal de menta forte. Quando perceber e sentir o frescor mentolado de sua boca, ele estremecerá. Ainda que pareça surpreendente, é muito sensual.

- **Êxtase matutino.** Uma fantasia masculina bem comum é despertar durante a noite com sexo oral. O que está esperando? Quem sabe assim ele também se inspire e te acorde com uma fantasia feminina tão comum como a de um café da manhã na cama?

- **Faça uma festinha particular.** Cubra o pênis com algo sensual e doce, como chocolate ou leite condensado, ou compre tinta corporal com sabores (existem as de banana, cereja, maçã...) e o chupe devagarzinho. Engorda, mas vale a pena.

- **Gelo e fogo.** Um pênis quente e uma língua fria formam uma combinação faiscante. Coloque um cubo de gelo na boca e comece a sugar o membro. Prove também esfregá-lo nos testículos enquanto seus lábios quentes recobrem seu membro trêmulo. Outra forma de conseguir esse efeito refrescante é passar um pouco de sorvete de chocolate em seu pênis aquecido. Desta forma, isso vai te estimular a dar lambidas com mais intensidade.

- **Espremedor de fruta.** Para esta técnica são ideais as frutas tenras e suculentas, como a manga ou o mamão. Corte a fruta escolhida pela metade e esprema seu suco em todos os genitais. Em seguida, comece a chupar toda a fruta com os lábios. Na outra metade da fruta, faça um buraco e coloque em forma de capuz sobre o pênis; em seguida, aperte-a e gire-a, lambendo todo o suco (sem esquecer dos testículos!). É delicioso!

- **Café quente.** Beba um pouco de café quente e, em seguida, coloque o pênis novamente na boca. Ele ficará encantado com a sua boca quente.

- **Sexo telefônico.** Quando ele falar por telefone com o chefe ou gerente do banco, se aproxime e faça o sexo oral mais excitante que puder. Ele ficará muito excitado por fazer algo "proibido".

## As posições mais eróticas

A variedade de posições depende da imaginação e criatividade de cada casal. Sugiro algumas a seguir que são mágicas para aproveitar o sexo oral.

**Uma visão encantadora.** Uma vez que os homens são muito visuais, assegure-se de estar numa posição em que ele possa ver o vaivém de seu pênis entrando e saindo de sua boca. Ajoelhada ou sentada de frente para o homem, ele deve apenas baixar o olhar para ver o espetáculo erótico. Um conselho: contorne os testículos com as mãos enquanto faz isso. São muito mais sensíveis.

É possível também mostrar uma outra visão ainda mais excitante: coloque-se de tal modo que seus lábios estejam à altura de sua virilha e sua sedutora boca ocupe o centro do campo de visão dele. Enquanto você desfruta da suave textura do pênis dele em sua boca, deslize os dedos por todo seu ondulante monte de Vênus para sentir-se cheia de um desbordante desejo. Desta forma, ele terá o dobro de prazer com um sexo oral caprichado e a visão mais erótica do mundo. E você vai se divertir com a ardente masculinidade palpitando em sua língua e com a expansão e agitação de seus próprios órgãos sexuais.

**A posição da rainha.** Faça com que ele se ajoelhe de frente para você enquanto você relaxa em um trono estofado, de forma que sua cabeça fique um pouco elevada. Indique a ele que coloque um joelho de cada lado de seus seios enquanto você lhe dá prazer oral. Você também pode direcioná-lo para que desça até seus lábios, se você se inclinar para a frente, apoiando-se sobre seus cotovelos.

**Imobilizado.** Em cima da cama, abra as pernas e os braços dele. Imobilize os punhos com seus dois pés e, assentando firmemente suas mãos sobre as coxas dele (para contê-lo e também mantê-lo com as pernas abertas), deixe que sua língua mostre a ele quem manda.

## Como superar as náuseas

Ir até o fundo da garganta de uma mulher é muito excitante para um homem. Se nunca fez isso, quem sabe é por que te aterrorize a ideia de não conseguir respirar, de se afogar ou de vomitar. Mas isso não acontecerá se você seguir as seguintes instruções: deite-se de barriga para cima e deixe que sua cabeça fique pendurada na beirada da cama, para que a boca e a garganta fiquem na mesma altura. Deste modo, você "abre" a parte posterior da garganta e pode introduzir o pênis bem profundamente. Ele deve estar ao lado da cama e deve introduzi-lo pouco a pouco em sua boca. Respire profundamente. À medida que o pênis vai entrando, você ficará sem ar. Mas não deixe o pânico te dominar! Quando ele tirar de novo, poderá voltar a respirar. De fato, é bem simples quando você está tranquila.

**Cuspir ou engolir?** Os homens adoram que as mulheres bebam o sêmen deles. É compreensível, pois isso é muito mais sensual que sair correndo para o banheiro tossindo e cuspindo. Considerando que é a fantasia de todo homem e um ato último de adoração fálica, te aconselho a fazer isso somente quando estiver segura de que o homem é sadio (algumas enfermidades de transmissão sexual podem ser contraídas mediante a ingestão de fluidos corporais ou pelo contato oral com eles).
O sêmen tem apenas entre cinco e sete calorias por porção, não engorda e é totalmente inofensivo. Muitos povos tribais o consideram um elixir sagrado e que cura.
Sugira a seu companheiro que coma abacaxi, melão, kiwi, morango, canela ou aipo para que seu suco seja gostoso até a última gota. Este truque melhora o sabor e o cheiro do sêmen. Apenas por mencionar isso, certamente a imaginação dele se colocará a mil e se acenderá de imediato.

## A estimulação manual

Ainda que se trate de uma prática um pouco subvalorizada pelas mulheres, os homens adoram! Por ter maior flexibilidade e força que os lábios, os dedos podem exercer um controle mais preciso de seu prazer.

As três chaves de uma boa masturbação são: concentração, rapidez e firmeza. O segredo são os lubrificantes. Imagine que você tenha um pênis. Você gostaria que alguém esfregasse rápido, com força e com a mão seca? Acho que não, certo? Você sentiria como se alguém tivesse colocado fogo nele com a fricção da pele. Uma sensação nada agradável, não é? Portanto, comece lubrificando bem as mãos. Você vai fazer uma massagem erótica muito mais profunda e escorregadia se usar óleo, por exemplo, de amêndoas, oliva, amendoim, *ylang-ylang*... ou óleos especiais para massagens de longa duração.

O ritmo deve ser firme e constante. Quanto à firmeza, uma das queixas mais frequentes dos homens é a excessiva delicadeza ou, ao contrário, a brusquidão. Pegue-o com firmeza (fique tranquila, o pênis não é de porcelana chinesa, portanto, não vai se quebrar nas suas mãos!), mas não aperte como se quisesse estrangulá-lo.

Se isso não está de todo claro, peça que ele se masturbe enquanto você o olha. Deste modo, poderá anotar mentalmente o que ele faz e o que lhe dá prazer.

## Manual de uso

A posição mais frequente para a masturbação é encostar ao lado de seu parceiro e agarrar o pênis – assim como ele faz quando se masturba. Contudo, existem deliciosas variações e técnicas para incrementar o prazer dele, avivar o desejo e vencer a monotonia. As distintas formas de "colocar a mão na massa" (ou as mãos) que proponho a seguir vão te ajudar a aproveitar tudo o que este clássico do sexo oferece. Basta uma posição cômoda (para evitar câibras) e uma boa lubrificação. E não se esqueça de prestar atenção à glande e ao freio, pois essas são as áreas com maior concentração de nervos de todo o pênis.

- **Mais refinada.** Tente alguns excitantes refinamentos nesta clássica carícia. Lambuze as mãos com óleo. Pegue a base do pênis e o saco escrotal com uma mão. Dobre a outra como se fosse a cabeça de uma cobra e nine o membro desde cima, envolvendo-o com o polegar. Mova para cima e para baixo de forma constante e dê uma apertada com o polegar ao passar pelo freio. Aperte mais forte ao chegar à ponta, libere a pressão ou abra as mãos quando for para baixo; pressione simultânea e ligeiramente os testículos ou o períneo.

- **Duas mãos são melhor que uma.** Segure o pênis com ambas as mãos lubrificadas. Em seguida, gire-as em direções opostas, enquanto as desliza para cima e para baixo, variando a velocidade e a pressão. Gire-as de novo até a posição inicial. É genial. Se o membro não é suficientemente grande para que duas mãos o segurem, acaricie com uma mão e utilize a outra para perambular por outras áreas: toque seus testículos, pressione-a contra o períneo ou segure a base do pênis se seu companheiro estiver a ponto de ejacular.

- **Música, maestro.** De vez em quando, apodere-se da batuta dele e dê alguns golpezinhos em sua sensível ponta com a palma de sua mão, seios, púbis, ou inclusive em seu ventre. Você também pode mover o pênis para a frente e para trás entre a pelve de ambos.

- **Ordenha.** Com uma mão escorregadia, acaricie da base à ponta, deslizando até o final, e imediatamente faça o mesmo com a outra mão. Alterne o vaivém com uma mão e a outra até o topo, num movimento suave e contínuo. Ele sentirá como se constantemente estivesse saindo de seus cobiçosos lábios sexuais. Inverta o sentido do movimento, ordenhando até embaixo, e ele sentirá como se estivesse entrando repetidamente em sua aveludada caverna.

- **Túnel do amor.** Entrelace as mãos bem lubrificadas, com os dedos apertados e os polegares cruzados. Então deslize o pênis para cima e para baixo pelo túnel formado por ambas as mãos. Se apertar ligeiramente os dedos indicador e polegar e de vez em quando os comprimir de forma similar a seus músculos PC, ele sentirá ainda mais prazer.

- **Rezando.** Junte as palmas das mãos como se estivesse rezando e introduza seu pênis pelo buraco que se abre na base das mãos. Vá subindo e baixando as mãos, mantendo as pontas dos dedos unidas entre si. Varie a velocidade, pressão e localização e, de vez em quando, deslize o membro na boca enquanto continua a "prece".

- **Exercendo pressão.** Feche a mão em forma de punho e pressione o períneo com os nós dos dedos. A pressão o deixará louco.

- **Com as palmas.** Passe a palma da mão em movimento circular sobre a ponta do pênis. Ele endurecerá ainda mais e ficará muito mais sensível a qualquer coisa que você faça. Alterne a direção dos círculos para deixar seu parceiro ainda mais extasiado. Você também pode deter a palma da mão de vez em quando, pressionando a glande, e fazer movimentos circulares com a palma estendida.

- **Apenas os dedos.** Coloque o pênis na depressão entre o dedo indicador e o médio de sua mão lubrificada (você pode usar uma mão ou as duas) e acaricie lentamente para cima e para baixo. Pressione o freio e mova os dedos de um lado a outro do pênis, passando pela glande; aperte ou solte seu estreito "motor" erótico de acordo com os gemidos dele.

- **Saca-rolhas.** Com uma das mãos, segure a pele da base do membro. Gire a raiz do pênis com a outra mão lubrificada, a palma da mão dirigida para seu ventre, e deslize-a para cima. Quando chegar à glande, torça a mão como se estivesse fazendo girar um saca-rolhas. Em seguida, abra a mão, levando-a para baixo e para o outro lado do pênis, ou retire-a por cima, antes de voltar à posição de partida e repetir o movimento. Faça uma pressão rápida; se demorada, a técnica perde o efeito. Para variar, sustente o pênis direcionando-o para baixo, acaricie e gire-o para cima.

- **Sem as mãos ("espanhola").** Muitos homens adoram sentir seu pênis entre os seios de uma mulher por causa da fricção suave e trêmula que isso proporciona – e principalmente porque é muito erótico! Aperte seus seios com ambas as mãos e introduza o pênis dele no meio, enquanto ele entra e sai de forma continuada. Você também pode segurar o peito com uma mão e utilizar a outra para acompanhar o pênis enquanto ele se movimenta (esta segunda opção funciona apenas se você tiver pouco seio).

- **Aumente o terreno da brincadeira.** Enquanto você acaricia o pênis com uma mão, utilize a outra para tocar o interior das coxas dele. Busque as áreas onde há pouco pelo como, por exemplo, debaixo do pênis. Essa área é bem sensível. Beije, lamba, sopre e esfregue. Não se esqueça de brincar com o pelo pubiano dos testículos. Estique-os um pouco, sopre e provoque com a ponta dos dedos. É possível também distribuir o prazer para áreas mais distantes, como perto do coração, dando voltas ao redor dos mamilos dele com a palma da mão ou com a ponta dos dedos. É um truque extraordinário para estender a tensão sexual – a ponto de explodir –, ou para fazer com que ele se acostume com a ideia de que o erotismo vai bem além de seu pênis.

## Efeitos especiais para incrementar a paixão

**Mantenha sua boca próxima enquanto acaricia o pênis.** Desta forma ele poderá perceber sua respiração quente e inflamar-se ao ouvir seus gemidos. Cada vez que ele estiver a ponto de ejacular, aproveite para lamber a glande com sua língua ávida.

**Deleite-o com o reflexo dos dois.** Coloque-o sentado na beirada da cama diante de um grande espelho. Sente-se atrás dele com uma perna para cada lado, o púbis pressionado fortemente contra as nádegas dele e os seios colados em suas costas. Deslize as mãos bem lubrificadas até seu tórax e o abrace. Passe os dedos pelos mamilos dele e pela barriga e, finalmente, vá ao encontro de seu palpitante membro ereto. Aperte os testículos, acaricie o pênis e se movimente sensualmente contra suas costas, enquanto ele não perde nenhum detalhe através do espelho... Você sentirá o pênis dele como se fosse um apêndice de seu próprio corpo.

**Divina agonia.** A espera provoca tensão, excitação e sensações extremas. De vez em quando, tente mantê-lo no limite quanto mais tempo conseguir. Faça carícias lenta e impiedosamente com as mãos lambuzadas de óleo, até que ele esteja próximo do orgasmo. Então, retire as mãos e ofereça-lhe seus mamilos para que os beije. Quando ele estiver mais calmo, retome a massagem genital, até que volte a se aproximar do clímax... e pare novamente. Leve-o lentamente perto do orgasmo até ele quase se sacudir e pare para acariciar os próprios mamilos, enquanto ele observa em divina agonia. Tome o tempo que for necessário para passar o óleo de novo antes de voltar a cercá-lo. Agora acaricie apenas as partes internas das coxas e a barriga dele com o objetivo de estender a insuportável tensão para outras partes do corpo. Pare e volte a excitá-lo tantas vezes quanto ele consiga aguentar, antes de levá-lo a um orgasmo explosivo e espasmódico.

**Receba sua explosão com entusiasmo.** Nos sonhos secretos dos homens, a mulher não trata a ardente cascata de seu orgasmo como se fosse algo sujo e pegajoso, mas sim como um elixir dos deuses, o fluido vital que carrega a essência de sua virilidade e a semente sagrada. Assim, quando ele finalmente ejacular, recolha o celestial fluido para ungir-se com ele nas coxas, na barriga, seios ou rosto (na realidade é um excelente creme facial, rico em proteínas).

## Reflexologia do pênis

De forma similar ao pé, o pênis é como um mapa em miniatura do resto do corpo do homem. Ao estimular certos pontos, há um reflexo nas partes correspondentes do corpo, do coração e da mente. Por exemplo, se quiser que a confiança entre ambos cresça, prove fazer regularmente massagens na próstata dele. Ou o estimule para que expresse melhor suas emoções concentrando seus esforços táteis no anel da coroa. Neste mesmo ponto, é possível também acalmar a garganta irritada e aliviar um resfriado. A seguir, ofereço uma lista de outros pontos do pênis e suas correspondentes áreas físicas e emocionais:

- Todo o pênis: centro físico, mental e emocional de sua masculinidade.
- Períneo e próstata (cuja sensibilidade é comparável ao ponto G da mulher): pés e base do tronco, raiz de sua virilidade, sentimentos primitivos e naturais, confiança.
- Testículos: órgãos sexuais, criatividade, potência e capacidade construtiva.

- Dois terços inferiores do pênis: barriga e músculos, cimento de seu poder pessoal, faculdade de decisão e conceito de si mesmo.
- Terço superior do pênis: coração, amor, sensibilidade e opinião que ele tem sobre você.
- Centro da crista desde a base até a glande: coluna vertebral, valentia e lealdade.
- Crista da coroa: garganta, generosidade e capacidade de expressar seus pensamentos e emoções.
- Freio: visão, sonhos, sabedoria.
- Glande: parte superior do crânio, inspiração, revelação, esclarecimento, êxtase e espírito.
- Abertura da glande: porta de entrada de seu coração, êxtase emocional.

**Fricções reflexológicas.** Proporcione a seu amante uma massagem que capaz de harmonizá-lo por inteiro. Com as mãos bem lubrificadas, faça um pré-aquecimento no membro, simplesmente abrindo e fechando as palmas e os dedos das mãos ao redor de toda sua longitude, de cima para baixo. Deixe o pênis repousando e utilize as mãos para roçá-lo em direções opostas, cobrindo toda sua extensão. Faça um buraco com uma mão, envolva o pênis e massageie fazendo pequenos círculos até acima da crista central (sua "coluna vertebral"), seja com as pontas dos dedos ou com o polegar da outra mão. Meça suavemente seus testículos na palma da mão e apalpe ligeiramente o períneo, a raiz verdadeira de sua virilidade primitiva. Em seguida, amasse, aperte e mime uma a uma todas as áreas que deseja despertar e que estão refletidas no pênis. Termine a massagem fechando seu membro entre as palmas das mãos e deslize-as lentamente para cima e para baixo, fazendo com que o dorso da mão que está por baixo acaricie e acalme o ventre. Em seguida, sustenha o membro viril dele contra seu coração durante alguns breves instantes de conexão amorosa.

# 7 Os segredos do sexo anal

A ideia de praticar sexo anal não entusiasma muitas mulheres. A maioria nem tenta porque teme que seja doloroso ou que machuque, e ainda acredita que é algo sujo ou uma prática homossexual. Estão enganadas. São três as ideias mais comuns que provavelmente colocaram em sua cabeça e das quais você deve se desapegar. Liberte-se delas e prepare-se para viver novas e inexplicáveis experiências.

## Primeira ideia: sexo anal é doloroso

As mulheres que desistem de prová-lo porque temem sentir dor deveriam tentar relembrar como iniciaram suas relações sexuais. É bem provável que muitas também temiam o pior em sua adolescência, ao expor-se de pernas abertas pela primeira vez ao pênis que as desvirginou. É certo que, em muitos casos, a experiência, supostamente romântica e inesquecível com que sonhavam, acabou sendo um tanto desagradável e a ruptura do hímen causou um pouco de dor. Identificou-se com essa situação? Você era uma dessas jovens? De todo jeito, você não deixou de se iniciar no sexo por causa disso. Começou com a esperança de que melhoraria com o tempo e aquela pequena dor inicial daria lugar a gratificantes encontros cheios de prazer, amor e suaves e deliciosas penetrações.

O mesmo acontece com o sexo anal. Assim como o vaginal, é uma grande fonte de prazer tanto para o homem quanto para a mulher. Isso ocorre porque o ânus é muito sensível, pois está cercado por uma grande quantidade de terminações nervosas – que abrem a porta da estimulação e prazer sexual.

Se ainda assim você acredita que o sexo anal não é agradável, isso pode ocorrer porque você não tenha provado sob as circunstâncias adequadas. O homem apropriado, a atitude correta e a lubrificação necessária podem levar o casal a um mundo de experiências sexuais desenfreadas...

**Como?** A contração dos músculos que cercam a cavidade anal estimula uma quantidade impensável de hormônios sexuais, necessários para experimentar a sensação de gozo que você espera de cada uma de suas transas. A excitação anal revitaliza a pelve, aumentando a sensibilidade e a capacidade orgástica. Quanto você se excita, a pressão do sangue nos tecidos anais faz com que eles inchem e fiquem vermelhos. Então o canal anal se umedece e os esfíncteres se contraem (sobretudo quando estimulados diretamente). Essas contrações são muito gostosas, especialmente quando conseguem se agarrar em algo, como um dedo ou um pênis.

**O que o homem sente?** A glândula prostática, do tamanho de uma castanha, é uma das zonas erógenas mais importantes do homem e... surpresa! É possível estimulá-la tocando-a no interior da cavidade anal. Além disso, sentir o ânus erotizado lhes ajuda a controlar seu poder de ejaculação e abrir-se a sensações adormecidas. Você o deixará louco sem nem perceber como aconteceu.

**O que você sente?** O canal anal passa ao lado do canal vaginal, o esfíncter faz parte da rede do tecido que cerca o clitóris e... surpresa! O seu ponto G está situado na parte anterior da vagina, a dois ou três centímetros da entrada – de modo que, estimulando o canal anal, pode vir à tona em você um fogo inesperado e os instintos mais básicos e primários.

## Segunda ideia: sexo anal é sujo

Esta é outra premissa falsa que você deve apagar imediatamente da sua cabeça. Nenhuma das práticas sexuais é suja. Talvez você tenha assimilado dessa forma porque o sexo anal costuma ser culturalmente condenado. Será que também não colocaram na sua cabeça que qualquer posição que não a convencional papai e mamãe é suja e perversa? Nada mais longe da realidade. O sexo não é sujo; as pessoas podem ser ou suas ideias... Em culturas orientais e na corrente filosófica tântrica, da qual falarei mais adiante, o sexo é considerado natural e sagrado. O ânus é uma parte a mais do nosso corpo e, se pensarmos bem, longe de ser sujo, ele tem a função de purificar: de expulsar de nosso organismo todos os dejetos que não nos servem. Não obstante, você não deve se limitar a se autoconvencer com este argumento e descuidar da higiene de sua cavidade anal e zona circundante. Sem higiene não é possível fazer sexo anal. Mais adiante explicarei alguns aspectos que você deve levar em conta.

## Terceira ideia: sexo anal é coisa de homossexuais

Sem dúvida outro conceito errôneo. Não há práticas sexuais exclusivas de homo ou heterossexuais e, acredite ou não, muitos gays não praticam penetrações anais. Além disso, o sexo não se concentra nos genitais. Isso seria muito limitado! Afortunadamente, dispomos de todo o nosso corpo para sentir prazer; somos dotados de diversas zonas erógenas. O ânus é uma delas, tanto no homem quanto na mulher. Dessa forma, por que nos privar de experimentar algo prazeroso? Se seu companheiro lhe propor e você achar interessante, siga em frente! Não pense que ele é homossexual e não sabia. Para os homens é gostoso penetrar em qualquer parte, pela simples razão de que assim estimulam a zona mais sensível do pênis, situada na parte debaixo da glande, e chegam facilmente ao orgasmo.

Agora que já sabe o quão estimulante pode ser o sexo anal, convido-lhe a refletir sobre as ideias existentes acerca dele. Para vencê-las, recomendo que leia atentamente a lista a seguir e marque com um X o que se aplicar a você. Se está indecisa, você pode utilizá-la como um pequeno teste para decidir de que lado pesa mais sua balança.

### Cinco razões para provar o sexo anal

- A ideia já veio mais de uma vez à cabeça e a curiosidade te belisca.
- Você tem começado a se cansar das mesmas posições.
- Seu companheiro pediu mais de uma vez.
- Sua melhor amiga disse várias vezes que abre novos horizontes na cama.
- Não quer se fechar a explorar novas fontes de prazer.

### Cinco razões para não prová-lo

- Não está convencida de que será bom.
- Já está satisfeita com as posições sexuais que realiza e uma a mais não faz falta.
- Não é uma necessidade imperiosa para você, lhe assusta a dor e seu parceiro nunca pediu.
- Não confia no seu companheiro e teme que seja indelicado.
- Você tem hemorroida ou algum problema físico que a impede de praticá-lo com naturalidade.

## Premissas antes de provar

1. **Sugira.** Se você tem vergonha em falar abertamente com seu companheiro sobre seu interesse em provar o sexo anal, você pode ir sugerindo aos poucos. Receba-o algum dia com uma calcinha fio dental sexy e não perca a oportunidade de se insinuar, roçando-lhe com seu bumbum. Se ele já disse mais de uma vez que gosta do seu bumbum, talvez ele também arda de desejos por sexo anal e só não saiba como dizer. Coloque algum filme erótico ou pornô e observe suas reações quando ele vê alguma cena de sexo anal. Com essa sucessão de dicas, é provável que ele mesmo se anime e faça a sugestão.

2. **Escolha o companheiro adequado.** Você deve ter plena confiança de que ele será compreensivo e sensível a seus sinais. Aconselho que

crie um código com ele para indicar claramente quando seus gemidos são de prazer ou de incômodo. Neste caso, diga-lhe para parar e proponha a penetração anal numa outra ocasião. Ah! Descarte os companheiros impetuosos, pois eles tendem a se concentrar e se perder em seu próprio prazer e esquecem de que podem estar machucando-a com uma penetração muito brusca. Ao contrário, proponha o sexo anal a alguém paciente, tranquilo e disposto a lhe fazer vibrar estimulando seu ponto G com seu fabuloso pênis ou um dedo brincalhão.

3. **Limpe-se bem.** Você não se sentirá nada sexy se não estiver perfeitamente limpa, perfumada e hidratada. Isso é imperativo em qualquer prática sexual, porém no sexo anal é muito mais importante. Enquanto você se lava, introduza em seu ânus um dedo ensaboado (use um sabonete neutro, com pH similar ao da pele). Depois, se enxague muito bem com água morna para eliminar os resquícios de sabão (que poderiam irritar a pele sensível desta região). É também útil ter lenços umedecidos para bebê se quiser fazer algum retoque. Um aspecto muito importante que deve ser considerado é que o dedo, a língua e o pênis não devem ser levados diretamente do ânus à vagina, e vice-versa, já que a mistura pode provocar infecções.
   Também aconselho que vá ao banheiro bastante tempo antes. Do contrário, poderá sentir vontade de evacuar bem na hora e ter de interromper a relação sexual; uma situação, sem dúvida, muito incômoda e que pode te deixar tremendamente envergonhada.

4. **Lubrifique-se.** Parte de seus temores ao iniciar o contato anal se dissipará se você lubrificar bem a região. Aposto que você já tentou uma penetração anal alguma vez, mas desistiu ao ver que as investidas de seu companheiro se transformaram numa patética tentativa por causa da secura da região. Isso acontece porque o ânus não se lubrifica naturalmente – a não ser se muito excitado –, motivo pelo qual lhe convido a colocar a imaginação para funcionar e suavizar a entrada por meio de várias opções: umedeça-o com saliva, fluidos vaginais, vaselina ou um lubrificante artificial que não contenha álcool, para evitar irritações. Tudo é válido. Por certo, sempre que o ânus estiver bem limpinho, seu companheiro pode lambê-lo para suavizar a entrada.

5. **Os jogos preliminares são mais importantes que nunca.** Se para a penetração vaginal você precisa ser previamente estimulada e excitada, sobretudo quando não está tão molhada, como não precisaria disso quando seu objetivo é ser penetrada por trás? Se seu amante tentar a penetração diretamente, a tendência natural é que seu ânus se contraia. Pode ser que ambos fiquem nervosos, que ele ainda se feche mais e que vocês acabem se sentindo fracassados. Um truque para fazer com que sua região anal esteja mais receptiva é que seu amante lhe estimule ora pela frente, ora por trás. Você se sentirá mais excitada e, pouco a pouco, verá como seu ânus fica mais relaxado.

6. **Ganhe tempo.** Ao estimular o ânus pela primeira vez, o sucesso não é garantido. Pode ser que demore dias, semanas ou até meses para que ele se abra inteiramente e acomode o pênis de seu companheiro. O inimigo número um do sexo anal é a pressa e os nervos. O sexo anal deve ser comparado com uma corrida de longa distância, e não com uma corrida de cem metros rasos. A paciência é a chave do negócio.

7. **Force para fora.** Uma última recomendação é que, quando seu companheiro iniciar a penetração anal, você tente relaxar e ficar completamente receptiva à entrada de seu pênis. Fechar-se a ele só produzirá dores. Sem dúvida, como o ânus tem a função natural de expulsar fezes, é possível que seja muito difícil permitir o movimento contrário. Assim, se não conseguir relaxar, existe outra opção muito eficaz: force os músculos anais para fora como se estivesse tremendo e ardendo de vontade de evacuar. Embora pareça complicado e contraditório, assim você também favorece a abertura do esfíncter para o sexo.
   Não é estranho o comentário de minha amiga Bárbara: "Estivemos tentando por seis meses e não teve jeito. Eu me lubrificava, mas ficava nervosa e me fechava. No final, só conseguia ficar com a região melada e deixar meu companheiro nervoso. Um dia me veio à cabeça de forçar para fora, com a ideia de expulsá-lo mais uma vez, mas em vez disso – e para surpresa de ambos – ocorreu o contrário. O pênis penetrou até o fundo. E então me perdi. Não sou capaz de descrever com palavras o que senti... Agora não sei dizer quantas vezes ele me

penetra pela frente e quantas vezes por trás...! É um prazer poder aproveitá-lo por todos os orifícios do meu corpo!"

## Dedos mágicos

Um último conselho antes de se lançar ao sexo anal: nem sempre você tem que ceder à brincadeira do põe-tira com o pênis do seu companheiro. Esta é uma prática muito simples e que pode levá-la antes do tempo ao aborrecimento e fastio nas relações sexuais. No sexo anal, perdoe-me se volto a insistir, as preliminares são mais que importantes, são cruciais. Por isso lhe aconselho a utilizar a imaginação, um dos ingredientes fundamentais para que o sexo funcione, embora muitos casais se esquecem dela...

O que fazer então? Comece passo a passo. Recomendo que, primeiro, deixe seu parceiro introduzir alguns dedinhos, especialmente se ele tem um pênis muito grande, posto que o tamanho é outro dos fatores que desestimulam muitas mulheres a tentar. Dessa forma, comece pelos dedos – eles não servem só para tocar piano. A ideia de ter pequenos símbolos fálicos brincando em seu interior pode estimular ainda mais sua libido e lhe transportar a inesperadas sensações de prazer.

Vocês podem começar como se fossem duas crianças, brincando com o dedo mindinho bem lubrificado. À medida que seu ânus vai cedendo, vocês vão aumentando o tamanho do dedo. Deixe que ele ponha e tire por um bom tempo. Quando estiver acostumada com esta nova sensação, diga a ele que coloque dois dedos. E, depois, quando estiver preparada, peça para que ele aproxime pouco a pouco seu pênis.

Na primeira vez, é melhor que ele só coloque a ponta e que fique quieto. Para você é uma sensação nova e é muito provável que você esteja com medo – imagine que isso vai despertar o instinto animal de temor de quando alguém a ataca pelas costas. Além disso, os músculos do ânus são mais fortes que os da vagina e não estão acostumados a abrir-se com facilidade. Apenas quando se sentir confortável, convide-o para lhe penetrar até o fundo – seu ânus deve estar sempre bem lubrificado. Você deve marcar o ritmo da penetração que pode admitir sem que ele lhe machuque. Com prática e paciência, você conseguirá um orgasmo intenso e diferente.

**Massagem digital.** Uma das práticas que aparecem com frequência na literatura francesa são as massagens digitais. Consiste em realizar uma estimulante massagem na borda exterior do ânus do seu companheiro exatamente antes dele ejacular. Sem dúvida, essa é uma engenhosa maneira para introduzi-lo no mundo do erotismo anal. Porém, cuidado! Pode ser que essa inesperada massagem precipite o orgasmo dele.

**Dedo dançarino.** Quando estimular o pênis com a mão ou com a boca, leve um de seus dedos, bem lubrificado, em direção ao ânus. Brinque, acaricie, espere que se abra. Quando isso acontecer, não perca o momento e introduza-o por completo, mas suavemente. Comece a dança em seu interior: faça pequenos círculos, rastejando em seu ânus e parando, à espera de que ele se distenda. Recomece os movimentos, sem deixar de lado o pênis. Lembre-se de que a dupla estimulação, pela frente e por trás, sempre consegue um efeito superior. Além desses movimentos circulares, dobre o dedo para cima e para baixo pelas paredes internas e aguente até ouvi-lo se desfazer num orgasmo explosivo.

**Dedo encapuzado.** Envolva o dedo na calcinha que você acabou de tirar ou num lencinho, umedeça-o com saliva e esfregue ao redor da abertura anal de seu companheiro. Agora vem a parte mais difícil: ouse enfiar o dedo encapuzado em seu ânus e, quando notar que ele está se excitando, deixe dentro dele o tecido retorcido e umedecido, e puxe seu dedo. Seja má e não ceda se ele implorar para retirar. Retire-a muito lentamente apenas quando ele estiver alcançando o orgasmo.

**Dedos castigadores.** Enquanto estiverem transando, proponha a seu companheiro que te belisque, que te esprema e que te dê uns tapas no bumbum por você ter sido uma "menina muito má". Porém, apenas esses pequenos castigos não bastam. Mova-se e, de maneira que os dedos dele se deparem com seu ânus, sugira que lhe acaricie, proporcionando em você um imenso prazer.

**Massagem prostática.** Você pode introduzir o dedo no ânus de seu amante para estimular uma de suas partes anatômicas mais ardentes, a glândula prostática. Antes, certifique-se de que suas unhas estejam bem lixadas para não ferir o ânus de seu amante. Insira o seu dedo e deslize-o devagar e com muita suavidade. Quando não puder ir mais, seu dedo topará com uma proeminência do tamanho de uma castanha: é a próstata. Pressione-a levemente, certificando-se de que a pressão está agradável (observe as suas reações), e aplique movimentos vibratórios, em zigue-zague e carícias. E, novamente, não esqueça de estimular o pênis. Se deseja multiplicar o prazer, que ele certamente estará começando a sentir, pode tentar que ambos os movimentos se encontrem, movendo o pênis para baixo e a glândula para cima. Aproveite para ver como seu parceiro uiva durante o clímax.

## Prazeres úmidos

**Beijo negro.** Também conhecido como beijo grego. Você se atreve a beijar o ânus de seu amante? O beijo negro é a prática do sexo oral por trás. Minha prima Lorena me explicou que sua amiga Lourdes, uma velha colega de escola, costumava fazer revelações de suas relações sexuais: "Todas me surpreendiam, porém a que mais me marcou foi a do beijo negro. Eu, então, não sabia o que era e meus olhos se abriram como pratos quando ela me confessou, uma moça recatada de família, que estendia a língua até onde podia no ânus de seu marido. Toda vez que faziam sexo, ele pedia isso como prêmio. Assim, eu não podia olhá-lo com naturalidade, sem que me escapasse certo riso". Se uma moça conservadora se atreve, o que você está esperando? Os homens nunca esperam e quando recebem se sentem mais sortudos.

Assegure-se de que ele esteja bem limpinho. Você pode esperar, por exemplo, ele entrar no banho e pegá-lo de surpresa e, ainda de roupão, obrigá-lo a deitar-se de bruços. Minta e diga que fará uma massagem nas costas, mas, em vez disso, surpreenda-o e coloque a língua, em forma de ponta, no ânus. Depois lamba todo o seu traseiro, dê mordidinhas e beijinhos e, novamente, volte a enfiar a língua no ânus, mas desta vez movendo-a para cima e para baixo. Prepare-se para ver como ele se estremece de calafrios. Certamente você também pode pedir que ele faça o mesmo com você...

**Ducha excitante.** A ducha pode ser um bom momento para você experimentar o prazer anal em si mesma. Veja que sensação um jato de água quente produz em você e brinque, variando a pressão e introduzindo-a em suas nádegas abertas. Aproveite para acariciar-se e ensaboar seu ânus, o clitóris e a vagina. Pode ser muito estimulante começar o dia assim, antes de ir trabalhar. Asseguro que rende o dobro! Convide seu companheiro a lhe ensaboar na ducha. Talvez ele mesmo possa direcionar o chuveirinho de água para onde você deseja, fazendo-a estremecer com um prazer úmido e sensual.

**Cunilíngua traseiro.** Outra suave prática com a qual vocês podem se deleitar é o cunilíngua traseiro. Deite de bruços e abra as pernas – seus lábios ficarão abertos, e a pressão contra a superfície onde você estará apoiada multiplicará o prazer das lambidas de seu amante – à espera de que ele repare no bonito casulo em flor (ou misterioso poço profundo e negro) que tem diante de si e assim lhe propicie um inesperado e estremecedor beijo negro.

## E, POR FIM, VAMOS AO MAIS IMPORTANTE

Muita brincadeira com os dedos, com a língua, a saliva e outros fluidos... Como você viu, são muitas as partes do corpo que você pode utilizar para dar e receber prazer. A essa altura, você deve estar se perguntando: e o pênis? Certamente você associou o sexo anal à penetração pelo ânus, então vamos lá. Lembre-se de que é normal seu companheiro arder de desejos para te penetrar por trás.

**Viagem ao fundo de suas profundezas.** Embarque nessa viagem alucinante sem nem precisar sair da cama. Como? Convide-o a deitar-se comodamente de barriga para cima e comece a ação. Sente-se sobre ele e comece a deslizar seus seios pelo tórax e barriga até chegar ao baixo ventre. Detenha-se aí, desfrute vendo-o gemer. Depois faça-o perder a cabeça com seus beijos e, de surpresa, posicione seu ânus sobre o pênis dele e mexa-se. Ouça seus gemidos de prazer. Você vai ver que o terá levado a uma viagem maravilhosa.

**Banco de trás.** Quem nunca utilizou o carro como cama? Se quiser, você pode experimentar a emoção de se apertar no banco do carro, variando as manobras e tentando se esconder dos curiosos... Desta vez, prove uma posição mais original e excitante. Ponha uma saia longa, sem calcinha, e peça com voz manhosa para se sentar em cima dele. O que ele não sabe é que você encaixará diretamente seu ânus sobre o pênis ereto e cavalgará a sua cintura com as pernas bem abertas.

**Poderosas curvas.** Tenha o bumbum que tiver, sinta-se poderosa com ele. O atrativo depende mais da energia que você emana que de sua anatomia. Portanto, sinta-se sexy, exiba-se a seu companheiro. Ofereça-se como faz Afrodite, a deusa do amor, numa de suas mais famosas representações: olhando seu próprio bumbum por cima de suas costas. Adotando uma postura similar a da estátua, revele suas nádegas, que estarão bem lubrificadas e preparadas para o gozo anal.

**Rebolado.** Lambuze o pênis dele com lubrificante e convide-o a penetrar seu ânus, com você de quatro. Assegure-se de que ele será gentil e suave, enquanto você aproveita para se acariciar. Então, agarre os testículos dele, obrigando-o a ficar bem quietinho, e rebole para a frente e para trás, deixando-o louco.

**Anca da amazona.** Sinta-se como uma grande dama da época dos cavaleiros e sente-se sobre um banquinho ou sobre um monte de almofadas, inclinando-se para trás até apoiar as mãos no chão, alçando o bumbum para cima numa sedutora posição, deixando descoberto seu ânus. Convide seu companheiro a se ajoelhar e a lhe montar, embainhando sua lubrificada espada na sua bainha. A partir desta cômoda posição, vocês podem optar por permanecerem quietos, sentindo a compressão e pulsão dos seus músculos ao redor de sua espada, ou deixar que ele brinque de embainhá-la e desembainhá-la.

# 8 Zonas erógenas ocultas masculinas

Como dizia o capítulo 6, Culto ao pênis (página 67), a maioria das sensações eróticas de um homem se concentra em seu membro viril, esse eixo palpitante e cheio de vida, ávido por sexo, que se encontra entre suas pernas... Contudo, há muito a conquistar! Você não deve limitar-se a essa única parte do corpo dele. Por que não? Porque, como uma boa amante, será um desafio para você despertar o corpo dele para novas sensações e prazeres desconhecidos. Se você conseguir ajudá-lo a descobrir e desenvolver zonas erógenas que ele nunca antes havia detectado, você se transformará na heroína de sua vida sexual. Ao transformar o orgasmo dele numa experiência na qual todo o corpo participa, você ficará para sempre associada a esses novos prazeres na imaginação erótica dele. Além disso, não há maior estimulante que um ponto secreto de prazer que apenas você conhece e é capaz de ativar. Isso cria uma profunda conexão entre vocês dois.

Como você, seu companheiro é um ser ávido por amor; e ele espera que você o ajude a descobrir novos horizontes. Dessa forma, se você conhecer bem o corpo dele e ajudá-lo a descobrir e conquistar novos territórios de prazer, ele não apenas ficará imensamente agradecido, como também demonstrará isso com promessas.

## O SEGREDO DE SUA EREÇÃO

Comece pelo começo. Certamente mais de uma vez você se perguntou por qual lei é regida a ereção de um homem – são tantas as vezes que parece não haver lei nenhuma... Qual é o segredo?

**Onde está?** O centro da ereção se encontra no decorrer da parte inferior da espinha dorsal, desde o cóccix até um palmo acima.

**O que é?** É um centro nervoso que controla a elevação de pênis.

**O que faz?** Aumenta a capacidade e a força de sua ereção e melhora a sensação expansiva que o homem tem.

**Como se estimula?** É possível estimulá-lo friccionando a área, fazendo pequenos círculos e pressionando com as pontas dos dedos. Você pode observar suas reações e ir aumentando as carícias quando notar que ele está iniciando a subida até o orgasmo.

**Qual é o seu papel?** Como ele não sabe o que está acontecendo – mas ao mesmo tempo está aproveitando uma sensação cada vez mais prazerosa – enquanto sua serpente do amor se levanta cada vez com mais poder, ele chegará a pensar que você é uma encantadora de serpentes particular.

## PONTO G

Agora que conhece o centro de sua ereção, deve conhecer outro de seus segredos mais bem guardados: o ponto G. Na China antiga, o ponto G era conhecido como "o ponto de um milhão de moedas de ouro", porque este era o preço que deviam pagar aos mestres taoístas aqueles que quisessem conhecer onde estava o botão mágico do prazer. Embora eu já tenha antecipado algo no capítulo anterior, dedicado ao sexo anal, conto agora com mais detalhes.

**Onde está?** Na prótasta, encontra-se uma glândula do tamanho de uma castanha localizada entre a cavidade retal, a bexiga e o pênis. É possível chegar ao ponto G masculino pelo períneo, que está entre os testículos e o ânus, ou pelo interior da cavidade anal. Não deixe que o ponto G permaneça como um território inexplorado da anatomia de seu companheiro. Atreva-se a cruzá-lo e talvez descubram juntos a América.

**O que faz?** A próstata se dilata por causa do líquido seminal e, durante a excitação, fica muito mais sensível. Durante o orgasmo, ocorre o contrário: ela contrai-se espasmodicamente para expulsar o sêmen pela bomba sexual, conduzindo seu parceiro a um orgasmo seguro.

**Como se estimula?** Quando estiverem fazendo sexo ou simplesmente deleitando-se com uma massagem em seu membro carnudo, sem que ele espere, leve as pontas dos dedos ou os nós dos dedos para fazer movimentos circulares no períneo. Quando ele estiver com o pênis dentro de você, estique sua mão e leve-a até esse lugar sabiamente desenhado pela natureza: um interruptor que acende o prazer.

**Qual é seu papel?** É possível que inicialmente ele não se excite muito, insensível a suas carícias no períneo, mas quanto mais você repetir a massagem localizada, mais despertará seu ponto G. Seu papel é descobri-lo com paciência e astúcia, fazendo-o enlouquecer de prazer.

## O SEXO MASCULINO: ALÉM DO PÊNIS, TESTÍCULOS E NÁDEGAS

É certo que a sexualidade masculina está bastante concentrada nessa coisa chamada pênis – e também no par de testículos envoltos no saco escrotal e em seu traseiro. Provavelmente, salvo algum beijo diferente ou uma carícia ou outra, seu foco quando faz sexo com seu companheiro está nestas três partes do corpo.

Mas agora você conhece o segredo de seu centro de ereção e seu ponto G; se incorporar os estímulos que sugeri em seus encontros, você vai ver como terá sucesso em prolongar o clímax. Os orgasmos dele serão mais intensos. E isso não é tudo. Aqui há uma lista de zonas erógenas que podem ser estimuladas antes que você comece o ataque.

## Pontos erógenos masculinos

1. **Mente.** É a zona mais erógena de todo o corpo. Imagine e pense. As partes do corpo são terminais conectados com o cérebro (algumas, como os genitais, estão conectadas diretamente, já outras, como os pés, nem tanto) e, quando estimuladas, reagem imediatamente.

2. **Pés.** Todos os órgãos e partes do corpo estão conectados aos pés. Os dedos se ligam aos genitais e a parte de baixo do tendão de Aquiles se associa ao apetite sexual. Se forem estimulados, assim como a planta dos pés – supererógena, aliás –, o homem pode sentir um forte orgasmo.

3. **Pernas.** A parte interior das coxas é bem sensível. Todas as zonas do corpo que ficam expostas e contêm pelos são "perigosas". Lamba e beije seu homem na parte interior de suas coxas. Você vai deixá-lo louco!

4. **Mamilos.** Ainda que pareça incrível, os mamilos masculinos são tão sensíveis quanto os femininos, embora o efeito da excitação masculina decresça rapidamente, enquanto o da mulher perdura. Mas não perca a oportunidade de chupá-los, beijá-los, sugá-los e acariciá-los.

5. **Cabelo.** Quem não relaxa no cabeleireiro quando lavam sua cabeça? As massagens no crânio, com as pontas dos dedos e pequenos puxões no cabelo, são capazes de proporcionar um prazer do qual você não deve privar seu homem. Ensine-o bem para quando chegar a sua vez.

6. **Pescoço.** Os delatores "chupões" são típicos dos adolescentes inexperientes. Mesmo assim, você não deve se esquecer dessa importante zona erógena. Brinque com sua língua em seu masculino pomo de Adão e percorra lateralmente todo o pescoço dele.

7. **Axilas.** Da mesma forma que ocorre com a virilha e as coxas, esta é uma área especialmente sensível. Beije e lamba as axilas de seu parceiro, descrevendo pequenos círculos. Acaricie a ponta dos pelos.

8. **Orelhas.** Muitos homens se derretem quando são lambidos no pescoço e chupados e beijados nas orelhas, outra área muito sensível. O que você está esperando para proporcioná-lo esse prazer? Ele vai estremecer. Em seguida, "coma" sua orelha e sussurre palavras de amor... ou impropérios obscenos... você saberá o que mais excita seu menino!

9. **Lábios.** Parece óbvio, mas muitas vezes não prestamos atenção suficiente ao erotismo que emana de um beijo nos lábios. Beije-o nos cantinhos dos lábios, desenhe a forma destes com beijinhos (é muito excitante!), e volte a fazê-lo com mordidas, para acabar perdendo-se no céu de sua boca como se fosse uma intrusa.

10. **Mãos.** Não se deve apenas agarrá-las em pleno sexo, entrelaçando os dedos; as mãos também são muito sensíveis e podem estimular grande excitação se você imaginar que cada um dos dedos é um pênis. Chupe-os, levando-os à boca, e lamba-os com sensualidade. O centro da palma da mão também tem conexões nervosas com a ponta de seu pênis. Faça cócegas ali e estará fazendo cócegas à distância nos atributos masculinos dele.

Minha amiga Ana Maria e seu amante estavam um pouco enjoados de fazer sexo. Eles se deram conta de que haviam caído na rotina e, mesmo querendo mudar, simplesmente não sabiam como. Um dia caiu em suas mãos um manual de sexo onde se descreviam as zonas erógenas do homem. "Inventamos então que toda noite sairíamos às compras. Ele lia sua lista: uma porção de beijos labiais, cinco chupões nas mãos, uma estimulação nos pés e outra na virilha e uma fantasia de oferta. Ele pedia e eu colocava preço em todas as compras. E não pense que eu ficava a ver navios. Cobrava caro: uma massagem nos pés e nos peitorais, uma estimulação no clitóris, lambidas no pescoço, uma penetração e, para acabar, uma massagem capilar... Desde então, cada vez que deitamos juntos, variamos a lista da compra e não sobra tempo para aborrecimentos".

## Mentiras piedosas e ouvidos imperdoáveis

O que fazer com os homens que insistem somente na penetração e que acreditam ser uma perda de tempo a estimulação de outras partes do corpo? Talvez você tenha que lhe dizer alguma mentira piedosa ou fazer uma pequena chantagem – como prometer longas horas de sexo oral, promessa que costuma deixar qualquer homem de quatro.

**A volta ao corpo.** Erotize todo o corpo de seu amante, conduza-o à ereção e depois passe a estimular as novas zonas erógenas que agora conhece. Percorra todas as que te ocorram, chegando aos pés, às mãos, às partes mais distantes de seu falo, e deleite-se vendo como sua experiência orgástica é mais prazerosa e duradoura. Você notará isso – e com certeza ele também.

**O doce ponto.** Não se esqueça de explorar nenhum cantinho, um erro imperdoável se quiser conseguir acender o fogo de seu amante. O quadrante inferior de cada nádega é uma zona erógena das mais doces e sensíveis. Durante as preliminares, percorra-a com a língua ou com as mãos lambuzadas com algum óleo, e agarre-a enquanto estiverem transando, ao ritmo de suas investidas. Você verá como, mais que um orgasmo, ele lançará sua lava fervente depois de uma autêntica erupção vulcânica.

**Cidade da testosterona.** A majestosa ereção do pênis às vezes deixa as mulheres tão entretidas que a maioria se esquece do que vem abaixo: os testículos, que produzem 95% da testosterona masculina. Envoltos no escroto por uma pele mais fina que a do resto do corpo, eles são, ao mesmo tempo, o receptáculo de sua virilidade e seu ponto fraco. Portanto, nem pense em estrangulá-los – como você já sabe –, mas sim mimá-los. Trate-os como se fossem duas joias ou um jantar saboroso, lambendo-os com delicadeza, beijando-os e acariciando-os.

## Zonas erógenas menos óbvias

Existem outras zonas erógenas dignas de nota. Assim, se já domina as mais comuns, tente surpreendê-lo com estas.

**O vale do amor.** Entre seus mamilos está o vale do amor, um vale que não costuma ser explorado. A pele é bem fina e suave e sob ela se esconde o timo, uma glândula que regula as sensações amorosas. Apalpando a área com seus dedos e beijando-a ternamente, junto a seus mamilos, você arrancará suspiros de prazer.

**O poço superior do desejo.** Outra zona de grande capacidade erógena, que não é muito óbvia para a maioria das mulheres, é a linha que se estende desde a papada até o oco mole no centro da clavícula (lembre-se da crista que descende do centro do pênis até a depressão do escroto). Lamba com insistência esta área e aproveite vendo como você desperta em seu amante seus mais secretos prazeres.

## Beijos de filme

O que há de mais erótico que um beijo? O beijo é o ato sexual mais intenso e poderoso que existe. Certamente mais de uma vez, vendo um filme romântico, você ficou com vontade de ganhar um delicioso beijo de seu amante. Um bom beijo na boca também é muito erógeno. Tome nota.

Recomendações básicas antes de beijar: escove bem os dentes e a língua para ter a boca fresca e o hálito agradável. Esqueça o cigarro, o café e os alimentos fortes como alho e cebola.

**Beijo mágico.** Quando aproximar sua língua da boca dele, não o faça com a ideia de lhe dar um típico beijo de parafuso – ao que ele já esta mais que acostumado –, mas sim um beijo mágico. Tome a saliva dele como se estivesse sorvendo o suco da vida, ofereça a sua em troca, ou sirva um pouco de vinho em sua boca. Respire dentro de sua boca e finja que vai sair de dentro dela, mas em vez disso toque a ponta de sua língua, lamba-a e, por último, sugue-a. Mas se quer mesmo erotizá-lo, dê-lhe um beijo sugador apenas no lábio inferior – os antigos sábios orientais pensavam que há uma conexão direta entre o lábio inferior e o pênis.

**Beijo brasileiro.** Apresente-se para seu amante enfeitada apenas com uma echarpe de seda. Introduza a ponta do tecido, que estará umedecido com sua saliva, na boca dele, enquanto o beija. Sugue o tecido para fora e volte a introduzi-lo. Vocês vão acreditar que estão brincando com um bonito tecido no meio de uma praia em Ipanema.

**Beijo de *Ananga Ranga*.** O *Ananga Ranga* é outro antigo tratado hindu, assim como o *Kama Sutra*. Vende os olhos dele suavemente. Esta cegueira temporária o fará sentir com mais intensidade o doce sabor de sua língua. Introduza-a em sua boca e brinque com ela, movendo-a de lado a lado, para dentro e para fora. Faça malabares linguais e veja como ele vai pedir novamente este saboroso beijo.

## Tríades ou triângulos erógenos

O fogo que se acende quando se desperta uma zona erógena multiplica ao estimular certas combinações de pontos eróticos chamados tríades, segundo nos transmitiram os antigos sábios do erotismo. A sensação é ainda mais fogosa, e o orgasmo, celestial.

**Tríade da boca e mamilos.** Se estimular sua boca e seus mamilos, você despertará uma energia na parte superior do corpo de seu companheiro – experiência que certamente o surpreenderá, já que está habituado a ser estimulado mais embaixo, onde tem uma energia óbvia e transbordante. Enquanto estimula a energia que subjaz em seu tórax, você descobrirá como ele vai ficando excitado.

**Tríade da raiz do pênis e mamilos.** E vamos baixando. Se lhe propor lambidas e chupões nos mamilos enquanto massageia o pênis ou, ao contrário, chupar seu pênis e acariciar os mamilos, intensificará de forma extraordinária a excitação genital a que está acostumado, potencializando uma maré de sensações crescentes. Seu companheiro chegará a um êxtase intenso e difícil de suportar.

**Tríade formada pelo pênis e pés.** Chegamos à tríade inferior, a mais interessante. Ativar esta tríade, que conecta o poderoso membro de seu amante com os pés, também pode abrir a porta à erotização de absolutamente todo o corpo. Lembre-se de que os pés estão cheios de conexões com todas as partes e órgãos corporais – de fato este é o fundamento de práticas terapêuticas como a reflexologia podal. Portanto, quando estiver fazendo sexo oral nele, não se esqueça de acariciar seus pés. Tente também inverter: beije e lamba seus pés, enquanto faz massagens no pênis. Pelo caminho, você pode se entreter pressionando a parte interna das coxas dele e sua virilha. A maré de prazer que surgirá vai subir até seu púbis, seu coração e sua mente, graças ao pequeno detalhe de estimular seus pés.

**Supernova.** O melhor é estimular duas tríades de forma combinada, a dos lábios e mamilos e a dos mamilos e raiz do pênis. Alterne a ativação de um dos triângulos com o outro, e você vai perceber como seu companheiro sente brotar uma energia ardente que percorrerá todo o corpo. Ele vai vibrar de baixo para cima e de cima para baixo, e você vai atingir de novo seu coração e sua mente, a zona mais erógena de todas. Veja-o delirar. Levá-lo a este estado de alucinação traz recompensas: ele ficará louco de desejo de te possuir apaixonadamente.

# 9 Emoções intensas

## Sadô para todos os públicos

Você nunca pensou que a dor e o prazer são dois lados de uma mesma moeda? Por que se conformar apenas com um, quando se pode jogar com os dois? O importante é conhecer os seus limites e não ultrapassá-los se não estiver muito segura, por mais que seu companheiro insista. Você também não deve pressionar seu amante se ele não tiver as coisas claras na cabeça. O sadomasoquismo deve ser precedido de muito diálogo entre o casal; eu o aconselho somente se você conhecer bem o seu amante e confiar nele. De todo jeito, minha versão do sadô é light e bem divertida. Não tem nada a ver com dor ou humilhação, mas sim com um prazer intenso.

Se você já está decidida, vá em frente e faça a proposta. Talvez seja possível começar utilizando uma brincadeirinha travessa, como esperá-lo nua sob os lençóis, usando apenas um fio dental de couro (é comprovado que este material sobe a libido em mais de 90% dos homens). Para os 10% restantes, talvez sejam necessários alguns eletrizantes arranhões nas costas, durante o sexo, para lhe despertar o interesse.

## A mulher poderosa

Estamos no século XXI; as mulheres já não estão mais num papel passivo, como era antigamente. Podemos tomar as rédeas sempre que quisermos. Se o fazemos no trabalho, por que não faríamos em nossa vida sexual? Não se sinta coibida ou estranha por querer ultrapassar os limites do convencionalmente estabelecido. Quem disse que um tapa ou uma mordida não podem fazer parte do sexo? O cinema e a literatura já refletem este novo modelo de mulher – uma mulher poderosa, que sabe o que quer e luta por isso, sem medo do que vão pensar dela e, o que é mais importante, sem medo do que pensará seu companheiro. Se não quiser renunciar ao seu homem dominador, lembre-se da atriz Demi Moore atirando-se sobre Michael Douglas em *Assédio sexual*, e também de Kim Basinger atendendo, submissa, aos desejos de Mickey Rourke em *Nove semanas e meia de amor*. Gosto não se discute. Se prefere ser dominada por seu amante, inúmeras portas secretas de prazeres inimagináveis também poderão se abrir para você. Só tome algumas precauções e siga em frente!

---

### Regras para começar

- Pratique o sadomasoquismo apenas com alguém de sua confiança.
- Faça somente o que tiver vontade. Você precisa conhecer bem o que gosta, o que te assusta, o que te repele... Seja sincera e fale.
- Comece com jogos suaves e prove antes os brinquedos que serão utilizados.
- Se bebeu ou consumiu alguma droga, não pratique o sadomasoquismo. Os limites ficam confusos, e você poderia ultrapassá-los – ou deixar que ultrapassem com você.
- Crie um código com seu companheiro. É importante que esteja claro o momento de parar ou de intensificar o jogo. Pense que o começo da dor é diferente para cada pessoa. Minha amiga Pili, por exemplo, teve uma má experiência brincando com algumas velas acesas. A cera (especialmente a de abelha) que alguns amantes deixam cair sobre a pele para intensificar o prazer, pode provocar graves queimaduras como as que levaram Pili ao hospital. E tudo isso porque ela não soube dizer PARE.

---

## Inicie seu amante

### Se for uma amante perversa

- Tente dar alguns tapas na bunda dele ou arranhá-lo, sem dó, durante o orgasmo.
- Receba-o em casa vestida de couro. Não importa onde. Qualquer quarto serve para o que está pensando.
- Já pensou quantas possibilidades um cinto oferece? Tire-o com a boca. Pegue-o com força e jogue-o contra o chão, simulando ser uma domadora. Jogue sua presa sobre a cama e sente-se de pernas abertas sobre seu pênis, para que ele veja quem manda agora.

### Se for uma escrava submissa

- Espere-o ajoelhada e seminua aos pés da cama. Incline-se diante dele. Lamba seus pés e pergunte-lhe de forma submissa: "O que você deseja, meu amor?".
- Ofereça-se para que ele lhe amarre na cama com a peça mais sexy que tenha. Sempre é possível usar o último sutiã que ele te deu de presente ou uma bonita cinta-liga. Agora é ele quem manda. Deixe-o escolher.
- Envie uma ardente e vulgar mensagem para o celular dele, colocando-se à disposição como escrava sexual, dizendo que você vai realizar todas aquelas fantasias escondidas na parte mais oculta da mente dele.

## Vendas, amarras e palmatórias

**Olhos que não veem... imaginação desperta.** Por que deixar a máscara do último carnaval guardada no fundo armário? Resgate-a para usar em seus jogos sadô. Tudo está a serviço de uma mente quente como a sua. Vende os olhos de sua vítima ou peça que ele o faça em você. Usem as mãos ou língua para atingirem prazeres até agora desconhecidos, que o farão sentir orgasmos muito mais intensos.

Abra a geladeira e a dispensa e resgate todos os alimentos e bebidas que possam utilizar no jogo: cubinhos de gelo, iogurtes, morangos, geleias, sorvete de creme, mel, chocolate para ser derretido... Quem disse que todos estes produtos servem apenas para comer? Utilize-os para saciar outro tipo de fome. Lambuze o corpo, alternando os frios e os quentes, e espalhe na virilha, nos mamilos ou no ânus.

**A arte do *bondage*.** *Bondage* é um tipo específico de fetiche, que consiste em amarrar e imobilizar o parceiro. É uma prática simples e versátil e pode dar um toque de surpresa e emoção a suas relações sexuais. Na arte das amarras se combinam dois papéis: o indefeso (atado), e o que controla e domina a ação (o que ata). O divertido é trocar os papéis e provar o que sente em cada uma das situações.

Sabia que as amarras são um dos pedidos mais habituais que os homens fazem às prostitutas? Não deixe que ele fique com vontade de provar. Se ele ainda não propôs, faça a proposta você mesma – a menos que ele faça parte da escassa porcentagem de homens que não se divertem com esta prática. Seu companheiro terá uma surpresa das mais excitantes!

Amarre-o bem. Para começar, você pode tentar amarrar seus cotovelos e pulsos na cama. Uma vez imobilizado, monte sobre ele. Beije-o, massageando do tórax até o umbigo com ambas as mãos. Siga as coxas dele com a língua, do joelho até a virilha. Pegue seus testículos firmemente e coloque-os na boca, dando mordidinhas. Mova a cabeça para cima e para baixo, fazendo-o sofrer e parando antes que ejacule. Agora é a sua vez: coloque-se de pé, de frente para ele, com as pernas abertas para que ele veja sua vagina. Acaricie-se até chegar ao orgasmo e assegure-se de que ele está bem amarrado para excitá-lo ainda mais. Ele só vai ficar assitindo, sem poder fazer nada. Isso vai deixá-lo louco! O jogo dura até quando você quiser.

Se quiser levar a cabo esta cachorrada, aqui ofereço uma série de propostas de possíveis *bondages*. O gosto vive também na variedade.

---

### Materiais

- Um lencinho de seda
- Uma peça de lingerie
- Cordas de couro
- Tiras de velcro

- Algemas forradas
- Véu
- Corda de algodão (lave-a antes com amaciante, para que não fique tão áspera)
- Tiras de veludo
- Gravatas
- Lençóis
- Uma echarpe
- Uma saia
- Uma meia-calça
- Cinto (algum que não pinique sua pele nem contenha adornos que possam te machucar)

---

### Normas de segurança

- Não pressione o pescoço, axilas, dobra da entreperna, articulações ou mãos.
- Não deixe uma pessoa amarrada sozinha por muito tempo.
- Use um creme hidratante nas esfolações que podem acontecer.
- Tenha sempre à mão uma tesoura para cortar as amarras.

## Disfarces

Com todo este material e advertências, sugiro as fantasias a seguir.

**Vaqueira.** Calce suas botas do tipo country, coloque um chapéu de caubói e reviva com seu companheiro uma versão picante de algum filme de John Wayne. Coloque no pescoço uma corda de algodão como se fosse um laço de Velho Oeste e amarre as mãos dele na cama. Suba em cima dele e galope violentamente até o ponto em que seu clitóris e o pênis dele se fundam num só orgasmo.

**Castigadora.** Agora é a hora de amarrá-lo bem, mãos e pés, à cabeceira e aos pés da cama. Prepare-o para uma guerra sem quartel: beliscões, arranhões, bofetadas, socos e palmadas são suas armas. O golpe final é a faca de cortar pão que, em suas mãos, pode parecer uma arma castradora. Durante alguns segundos sinta-se a dona da situação e castigue-o, roçando sua pele com o aço frio. Por último, seja benevolente e utilize a faca apenas para cortar os laços que o predem.

**Camareira.** Coloque um miniavental branco e entre no quarto levando uma bandeja com uma garrafa de champanhe. Antes disso, você já deve ter imobilizado seu amante na cama. E por que sujar uma taça se é possível saciar sua sede utilizando qualquer vão de sua pele? Molhe seus dedos e passe por todo o corpo dele (peitos, nádegas, coxas...). Depois, encoste os dedos molhados nos lábios, como se fosse degustar, e vá se aproximando suavemente – deixe que ele sacie a sede em seu corpo... Por último, lave-o com champanhe de cima abaixo: lábios, mamilos, umbigo, pênis, coxas... e se disponha a beber diretamente em sua pele. A mistura do gás da champanhe, mordidas e lambidas o fará perder a cabeça.

***Showgirl*.** A tortura não é apenas física. Também pode ser psicológica. Vista-se com uma minissaia bem curta de couro e um colete, mas sem nada por baixo. Um belo par de sapatos de salto agulha é um complemento perfeito para uma menina má como você. Coloque uma música sensual e mova seu quadril diante de seu companheiro, que deve estar algemado aos pés de uma cadeira, mas sentado no chão. Desta forma, fique em sua frente e exija que ele lhe faça sexo oral. Ele não pode parar até que consiga estimular seu ponto G e te arranque gritos de prazer. Quando estiver satisfeita, desapareça e volte, recomeçando seu número. Você marca o ritmo da excitação dele, não só a sua. E lembre-se: não deve liberá-lo nem deixá-lo te tocar, sob nenhuma hipótese. A língua dele está apenas a seu serviço.

**Carcereira.** Pegue uma de suas meias-calças, preferencialmente a preta – a cor do sadô – e amarre-a no pênis dele, já enlaçado. Afrouxe o nó conforme seus anseios. Lamba seu saco e deixe claro com um suave açoite em seu pênis quem é que manda. Ele é seu prisioneiro. Você também pode utilizar sua língua para levá-lo à beira da explosão várias vezes. Finalmente, solte a meia para permitir que ele exploda como um vulcão em erupção. Aproveite o momento.

**Escravo do trabalho.** Se seu amante é um *workaholic*, apresente-se um dia em seu escritório e lhe dê uma pequena lição. Mostre que o trabalho não é tudo. Amarre as mãos dele atrás do encosto da cadeira, tire a roupa dele e sente-se em cima de sua mesa de trabalho. Abra bem as pernas, ao estilo *Instinto selvagem*, para que ele veja o que perde durante as noites em que está trabalhando. Mande-o te dar umas lambidas na vulva (você já deverá ter tirado a calcinha no elevador do trabalho para deixá-lo corado). Quando se cansar, dê um pontapé e empurre a cadeira para longe de você. Então, demonstre que não precisa dele e se dê prazer você mesma. Quando ele lhe suplicar, deixe-o voltar. Pegue os folderes e documentos que estiverem sobre a mesa – sim, sim, já sei que isso é coisa de menina muito má, mas trata-se de um castigo – e faça o que tantas noites, enquanto estava sozinha, você sonhava: rasgue em pedacinhos e jogue na sua cara. Acabe o jogo sentando-se sobre ele e guie a operação até o final. Agora você é a chefe.

**Cantando sob a chuva.** Todas as manhãs não precisam ser iguais. Improvise algo rápido antes de ir ao trabalho. Pegue-o desprevenido quando ele estiver no banho e, para que não resista, amarre-o ao chuveiro. Regule a pressão da água e a temperatura, alternando entre uma ducha excessivamente fria e outra muito quente. Quando já tiver dominado a situação, atire-se sobre ele e force-o a uma penetração rápida mas suficiente satisfatória para ir trabalhar cantarolando. Cuidado, não se esqueça de desamarrá-lo.

**De passeio.** O pênis é um animal hipócrita e disposto a perfurá-la à menor oportunidade. É necessário domá-lo para que seja você quem decida quando e onde isso deve ocorrer. E o que é mais simples que uma liga de couro específica para o pênis? Costumam medir de 15 a 25 centímetros de comprimento e têm uns fechos no interior para ajustar a compressão. Coloque o pênis ainda flácido na liga e comece a esquentar o ambiente. À medida que ele tente ficar ereto, a liga o apertará. Dê palmadas, morda e belisque à vontade. Arranque também o pelo pubiano e, resolutamente, passeie pelo apartamento, dona da situação. Só não se esqueça de retirar a liga depois de uns 15 ou 20 minutos para que o sangue volte a circular. Não queremos que ele fique impotente ou caído, não é mesmo?

## Contato com tato

As mesmas mãos que acariciam podem também oferecer uma boa dose de palmadas. Não se reprima, mas também não se esqueça de, após a sessão, mostrar todo seu carinho, fazendo seu companheiro compreender que era apenas um jogo. Qualquer momento de penetração ou de orgasmo é bom para bater nas nádegas e coxas de seu amante. Mas há posições específicas se você quiser uma atividade mais séria.

A posição habitual do açoitado é aquela de quando éramos crianças, com o bumbum virado para cima. Neste caso, você, a açoitadora, estará sentada numa cadeira – mesa, cama ou sofá também são superfícies válidas para lhe dar uns tapinhas. Nesta posição, você terá o controle absoluto sobre seu companheiro. A graça não está apenas na dor, mas também na humilhação de seu escravo.

Você pode começar a surrá-lo suavemente com a mão e, caso gostem, aumente a intensidade ou utilize outros instrumentos que produzam mais dor – se quiser causar mais dor, prefira os de maior superfície. Não faça sessões muito compridas, porque os golpes continuados podem ser bem dolorosos.

## Instrumentos

***Floggers.*** São usados para açoites brandos, mas ruidosos. Existem de vários materiais, como a seda ou a corda de nylon. Se são suaves, não deixam marcas, o que pode ser interessante para que não descubram seus jogos secretos. Também existem outros mais potentes, como o de rabo de cavalo (composto de muitos fios finos, da grossura do cadarço de um sapato ou o "gato de nove rabos", chamado assim porque tem nove fibras).

**Palmatórias.** São de tamanhos e materiais variados e são utilizadas apenas para bater nas nádegas e coxas. São ideais para deixar uma marca por mais tempo, já que a dor tende a permanecer mais.

**Chicotes.** Servem para golpear também nádegas e coxas, mas, além disso, pés, peitos, órgãos genitais e costas. Ao gosto do freguês.

**Látegos.** Este clássico possibilita sentir-se como uma capataz, fazendo com que seu escravo suado mova seu timão à velocidade e intensidade que quiser dentro de você.

E por que não? As calcinhas, um travesseiro, uma pluma para o pênis, uma luva de couro... De novo, tudo serve para maltratar um pouquinho (ou muito!) seu amante e fazê-lo gemer como louco.

Além de todas estas dicas, você deve saber que, de acordo com o Tantra, os golpes suaves nos mamilos e no períneo não falham para acender a faísca da paixão nos genitais. Não tenha medo. Dê ligeiros golpes com o punho fechado, suaves chicotadas com o dedo no pênis, tapinhas no bumbum ou pressione a glande contra seu ventre. Aperte-o e verá como seu companheiro estremece, dizendo que deseja mais e mais.

## Para os já iniciados

**Pinças.** As pinças criam uma sensação agridoce de mistura de dor e prazer. Para começar, recomendo que inicie aplicando-as nos mamilos; depois, passe para o saco escrotal, clitóris, lábios exteriores etc. Quanto mais pressão exercem, menos tempo devem ficar, porque impendem a circulação sanguínea. Se sua queixa é que é sempre você quem usa o acessório, faça-o saber disso claramente. A sensação dolorosa do jogo das pinças vale mais que mil palavras.

**Cera quente ou *wax play*.** Deixar cair cera derretida sobre o corpo pode ser um jogo ousado. Acende a temperatura de casais com nervos moderados. É o néctar das experiências sadô, mesmo em se tratando de casais pouco experientes – depois de provarem a primeira vez, sempre querem fazer de novo. Tome cuidado porque pode ser perigoso. Minha amiga Susana recomenda depilar-se antes para evitar dolorosos puxões, e também aplicar óleo de massagem (com exceção daquele para bebês porque esquenta mais facilmente) para que a pele não se irrite. Deve-se evitar a cera de abelha e as velas vermelhas ou metalizadas porque esquentam mais. Em contrapartida, as ceras de parafina e as de cores claras são as ideais para aproveitar a situação. Mantenha a vela de 20 a

30 centímetros de seu companheiro e deixe gotejar devagar. Queime-o e queime-se. Vocês vão arder de paixão.

## Jogos de domínio

**Rainha por um dia.** Existe melhor presente de aniversário do que ter seu amante 24 horas a seu inteiro dispor? Peça a ele e não coloque limite a seus desejos. Você é a rainha da casa e merece que te tratem como tal. Durante todo o dia, ordene-lhe que te obedeça em tudo. Não faça nenhum movimento e o tenha a sua inteira disposição. Obrigue-o a te dar banho, vestir e maquiar, mas não permita que ele ultrapasse nada em seu papel de ajudante. Mantendo-o o dia inteiro excitado e sozinho e, se ele cumprir de forma satisfatória seu papel, divida seu altar com ele ao anoitecer (você deverá ter preparado um pequeno trono em sua cama com algumas almofadas e uma colcha indiana, de cores brilhantes e majestosas).

**Assediada.** Umas das fantasias eróticas mais secretas de muitas mulheres é imaginar um homem excitante e muito atraente forçando-as a fazer algo sexualmente... Algo como uma violação consentida – insisto, trata-se apenas de uma fantasia. Coloque música adequada, vista-se com uma roupa que possa ser rasgada facilmente, apague as luzes da casa e entre no papel de seu personagem: uma mulher assustada e excitada também. Seu amante deve lhe perseguir como se fosse um autêntico violador, sem lhe dar trégua, por toda a casa... Em outra oportunidade, vocês também podem inverter os papéis. O mais difícil para ele será opor resistência... Ele ficará encantado!

**A cor do dinheiro.** Vocês gostam de jogar bilhar? Calce um belo par de sapatos de salto, coloque uma roupa bem justa e leve seu amante à melhor partida de sua vida. Nada a ver com as que joga com seus amigos! Cada bola encaçapada será uma peça que você tirará. Não se esqueça de se atirar na frente dele, empinando o bumbum. E lembre-se de que os sapatos, que te deixam tão sexy, devem ser a última coisa a ser retirada. Se você encaçapar, ordene-lhe que tire uma de suas peças. Você imagina como acabará a partida?

**Por um milhão de dólares.** Já fantasiou alguma vez em fazer amor com um estranho enquanto seu amante lhes observa? Se quiser fazer isso de forma mais atrevida, faça que esta aventura tenha um preço. Mas cuidado. Recomendo que participem deste jogo se seu companheiro estiver muito seguro do que deseja, se confiar nele e puder escolher o "terceiro".

## Personagens com poder

Ainda que não estejam prontos para o teatro, certamente a intimidade pode liberar sua imaginação e criar vários personagens que os façam perder os papéis. Lembre-se de que a imaginação é um dos ingredientes básicos do sadomasoquismo e será sua melhor aliada. Para que não fique monótono, vocês sempre podem consultar livros e filmes que os inspirem com as cenas mais ardentes.

---

### O que usar?

- **Médico e enfermeira:** roupas brancas, estetoscópio, termômetro e aparelho para medir a pressão.
- **Professora e aluno:** giz colorido, óculos, um livro (neste caso, pode ser o *Kama Sutra*).
- **Mordomo e senhora:** avental, espanador, campainha.
- **Domadora e fera selvagem:** látego, botas, correia.
- **Policial e delinquente:** algemas, uma luminária de mesa, cacetete e um quepe.
- **Exibicionista e Lolita:** capa de chuva, óculos de sol, meias brancas, dois laços para trança e minissaia de pregas.
- **Bombeiro e vítima:** mangueira, capacete, extintor...
- **Dona de casa e encanador:** vestido, bobes, um macacão azul e uma caixa de ferramentas.
- **Cabeleireira e cliente:** tesouras, secador, escovas, pentes, revistas e xampu.
- **Açougueiro e cliente:** um grande avental, várias facas, um porta-moedas.

- **Porteiro e vizinha:** uma escova, chaves, um roupão e uma correspondência.
- **Cavaleiro e Bela Adormecida:** uma almofada, uma espada, armadura e uma camisa sugestiva.
- **Marco Antônio e Cleópatra:** plumas, uma serpente de borracha, sandálias romanas e vestidos de época.
- **Gueixa e executivo:** Um quimono, uma pasta, xícaras de chá, sushi.
- **Piloto e aeromoça:** Um colete salva-vidas, chapéu de piloto, uma carta de voo.

---

## Marcar território

Apenas os animais marcam seu território. Eles fazem isso esfregando-se nas árvores do bosque; os cachorros, com sua urina nas esquinas. Então, por que não mostrar para todos que este é seu homem e que ele não está disponível, embora não use uma aliança? Há melhor momento para fazer isso do que quando estão juntos, desfrutando de um sexo desenfreado? Como lembrança dessa união, presentei-o com alguns apaixonados arranhões ou alguns estratégicos chupões. De acordo com o *Kama Sutra*, são provas sagradas de afeto que, além disso, te ajudarão a perder a vergonha.

Fazer isso nas zonas erógenas de seu menino será uma maneira perfeita de iniciar um jogo de paixão que apenas você e ele conhecerão. Orelhas, pescoço e ombros são bons pontos de partida.

**Beijos de vampira e mordidas.** Pegue-o pelo cabelo e puxe sua cabeça para trás. Quando tiver o pescoço dele a seu alcance, crave os caninos como se fosse uma experiente vampira, deixando um clássico chupão. Quando sentir que ele está perdendo a energia, atire-se e continue pelos cotovelos, joelhos ou mamilos. Seu homem é a refeição mais gostosa que você pode provar.

**Sinais de unhas.** No momento de máxima excitação durante a penetração, quando acreditar que sua arma vai deixá-la, percorra suas costas, ombros, braços ou bunda cravando suas unhas e marcando um comprido caminho que, em seguida, poderá seguir com lambidas. Também pode, junto a um dos mamilos, cravar as unhas, criando pequenas meias luas.

**E depois...** É muito importante, depois da intensidade dos jogos sadomasoquistas, regressar à normalidade da vida cotidiana. Recuperem seus papéis de amantes carinhosos: mimos, beijos, carinhos e palavras ternas. Tirem os disfarces e esqueçam seus personagens até a próxima vez. Sejam vocês mesmos.

# 10 O Tantra e outros segredos do Oriente

Talvez a palavra Tantra remeta, num primeiro momento, a sexo exótico, posições impossíveis, maratonas sexuais de até oito horas e contenção ejaculatória... mas o sexo tântrico é muito mais que isso: é o prazer intenso, orgasmos múltiplos e uma profunda conexão espiritual com seu companheiro. Além disso, o papel da mulher é fundamental nessa tradição milenar. Ela é a chave da sexualidade mágica e mística, é o que guarda todos os segredos da vida, do amor e do sexo. É preciso apenas recordá-los! E há maneira melhor do que praticar muito sexo tântrico?

Os índios asiáticos, os chineses e os polinésios, há milênios, já consideravam o sexo como um ato sagrado, um dom dos deuses. Por isso, educavam os homens para satisfazer suas companheiras e proporcionar um clímax multiorgástico digno de uma deusa. Então, por que negar esse prazer dos céus?

## Tantra e *Kama Sutra*

A filosofia tântrica (o Tantra) é abordada no *Kama Sutra*, num dos tratados sobre o *maithuna* (ato sexual ritualizado). Ela pode te transportar ao êxtase multiorgástico com o qual você tanto sonha.

O Tantra vem do sânscrito, das palavras *tanoti* (desenvolvimento) e *trayati* (liberação), e significa algo como "tecido", "tratado" ou "sistema para a expansão da consciência". Ele ensina o caminho completo para se sentir totalmente livre e para a autorrealização mediante ritos sexuais e também espirituais. Você e seu companheiro devem aproveitar para colocar esses conhecimentos em prática e obter um crescimento conjunto em todos os planos do ser.

Ao que parece, os textos tântricos procedem das escrituras que narram as conversas secretas do deus Shiva e da deusa Shakti. A adoração do feminino e da capacidade da mulher de dar vida é um ponto essencial da filosofia tântrica.

Minha amiga Laura, depois de viajar à Índia e se apaixonar pelo país, começou a praticar Tantra com o seu companheiro. O resultado foi tão positivo que ela afirma: "Nunca mais voltei a me sentir um objeto sexual ou um simples corpo na cama. Agora, cada vez que fazemos amor, me transformo numa verdadeira deusa. Depois de me iniciar no Tantra, já não consigo voltar à vida anterior. Aquelas transas me parecem muito simples, frente a todas as experiências tântricas que vivi e nas quais eu e meu companheiro chegamos a ser verdadeiramente Um".

Essa corrente de pensamento e de busca espiritual, diferente de grande parte das doutrinas religiosas, não nega o corpo, o desejo ou o sexo, mas os considera naturais e divinos, colocando-os como um caminho na busca da transcendência humana. Para o Tantra, o sexo é sagrado porque precede ao nascimento de um ser humano.

No Tantra, o sexo tem um aspecto mais energético: aprenda seu rico catálogo de rituais e libere suas energias, como se fosse uma autêntica deusa. De onde tirar inspiração? Do famoso *Kama Sutra*, cuja origem vem de *kama* (desejo) e *sutra* (sabedoria). Aplique, pois, este sexo inteligente e triunfará com seu amante na cama.

Se mesmo com todos esses argumentos você ainda não está convencida, leia atentamente os pontos-chave do sexo tântrico a seguir. Você deveria, ao menos, tentar.

### Benefícios do Tantra

- Com a prática do Tantra se controla a ejaculação precoce e, no geral, a ejaculação. Ao fazê-lo, consegue-se um orgasmo mais prazeroso e a energia é reservada.
- Os encontros sexuais ficam mais longos, o prazer se intensifica e, inclusive, pode prolongar-se durante horas.
- Recarregamos a energia, ao mesmo tempo em que liberamos tensões.
- O sexo transforma-se num encontro sagrado, numa fusão dos amantes e de suas almas.
- É saudável e rejuvenescedor.
- O Tantra considera que nossa origem é andrógina, ou seja, metade homem (*andro*) e metade mulher (*gino*). Mais tarde, o sexo foi separado em homem e mulher. O sexo tântrico pode ajudar você a se reencontrar com a sua outra metade.

## Os ingredientes do Tantra: respiração, *chakras* e energia *kundalini*

O Tantra não consiste, como você já deve ter imaginado, em levar uma vida sexual frívola e desenfreada. Esta é uma ideia errônea, pois ele cultua a união dos sexos como um caminho em direção à iluminação cósmica. Para praticá-lo, é necessário um alto grau de disciplina. Existem alguns elementos que devem ser levados em consideração.

**A respiração.** Nós tendemos a respirar mal e a fazer respirações curtas a partir do tórax, quando deveríamos fazê-las a partir do abdômen. A respiração correta nos conecta com o cosmos, com a vida. Se quiser praticar Tantra, é preciso aprender a respirar profundamente. Por quê? Porque uma respiração profunda e pausada retém o oxigênio dentro do corpo por mais tempo, estimula o cérebro, renova as células e carrega de energia e vitalidade o organismo, rejuvenescendo-o. É o melhor método anti-idade natural que conheço.

A inspiração percorre todos os centros vitais do corpo. Ao reter o ar inspirado, eleva-se a capacidade de concentração. Este é um bom momento para meditar.

A expiração permite projetar a energia aspirada ao exterior. Atreva-se a formar um bonito círculo de respiração com seu companheiro e com o cosmos. Deitados na cama, com a mente em branco, acariciem-se e respirem juntos. Concentre-se em sua respiração e pense que está tomando ar pela vagina e expulsando-o pela boca, enquanto seu companheiro imagina que aspira ar pela boca e o expulsa pelo pênis. Quando as respirações se harmonizarem, você estiver molhada e seu companheiro com uma ereção, será o momento da penetração.

---

### *Chakras*

Os *chakras* são círculos de energia, conhecimento e potencialidade que a consciência tem de cada ser humano. Imagine que, no interior de seu corpo, partindo do osso sacro (na base da coluna) até a cabeça exista uma flauta de sete orifícios, que são os *chakras*, correspondentes a sete desejos básicos:

| | DESEJO | LOCALIZAÇÃO |
|---|---|---|
| **1º** | Desejo material de sobrevivência | Base da coluna, entre os genitais e o ânus |
| **2º** | Desejo sexual | Cerca de 8 cm abaixo do umbigo |
| **3º** | Desejo de se alimentar | Boca do estômago |
| **4º** | Desejo de amar e ser amado | Centro do peito |
| **5º** | Desejo de criar e se expressar | Garganta |
| **6º** | Desejo de conhecimento e intuição | Entre as sobrancelhas (terceiro olho) |
| **7º** | Desejo espiritual e de saber | Cabeça |

---

Se você sente um equilíbrio em sua vida, a energia desta flauta soa harmonicamente. Se houver algum desequilíbrio, a sensação é de bloqueio, como se você estivesse desafinada. O Tantra, através do sexo, da dança, yoga e alimentação, é capaz de fazer sua energia *kundalini* subir por essa flauta mágica e resultar numa bonita melodia em sua vida.

**Energia *kundalini*.** Os *chakras* funcionam por meio da *kundalini*, uma energia psicossexual que gera o movimento da vida e que nasce da base da coluna (onde se encontra o primeiro *chackra*, entre os genitais e o ânus) subindo até o cérebro, onde se depara com a energia em estado mais puro. Toda essa energia é uma só, mas ela tem sete funções, que são os sete desejos apontados anteriormente.

## Festival de sensações

Por último, antes de se iniciar nos segredos da arte amatória tântrica, permita-me mais algumas advertências. É certo que muitas práticas sexuais do Tantra podem parecer bem complicadas ou muito energizantes para um ocidental, mas este temor não deve paralisá-la antes de tentar. Pense que você e seu companheiro sempre podem chegar a um acordo sobre como adaptá-las. O jogo é muito mais livre no Tantra. Dessa forma, tome as práticas propostas como base e modifique-as conforme o seu gosto para que você e seu parceiro adentrem juntos num festival de sensações.

**Canalizar a energia.** O Tantra diferencia claramente orgasmo e ejaculação, recomendando o homem a ejacular apenas uma vez a cada dez atos sexuais. Esta contenção é fundamental para gerar energia espiritual. Quando um homem ejacula, perde energia; em contrapartida, com a canalização da energia da ejaculação é possível ter vários orgasmos sem expelir sêmen.

**Agonia prazerosa.** Também é certo que o bom Tantra ensina muitas posições em que o movimento dos amantes é bem limitado. Isso dá um valor especial às relações sexuais de conexão transcendental entre o casal.

O Tantra defende que, se o homem é capaz de reter e controlar a ejaculação, é possível alcançar prazerosos e intensos orgasmos secos. Assim, também é possível um ato sexual mais prolongado para que se produza essa conexão entre o casal em harmonia com o cosmos. O homem pode tentar ficar sentado ou de cócoras, com a mulher conduzindo o ritmo do movimento, o que permite a ele controlar a saída do sêmen.

O que vocês podem fazer para não acabarem engessados nas posições de movimentos limitados é levá-las à prática apenas depois de um longo tempo de jogos preliminares, incluindo penetrações; quando já tiverem alcançado o ponto de fervor e de paixão, devem permanecer assim durante um bom tempo, aumentando a agonia... uma agonia muito prazerosa, prévia ao êxtase.

Ainda que algumas posições prometam desafiar a gravidade e possam parecer mais apropriadas a um contorcionista ou um trapezista de circo, o importante é, novamente, a tentativa. Todas têm sua razão de ser. Não se fixem no "suposto desconforto postural" de pés e pernas e concentrem-se na finalidade da faísca de prazer. Certamente, com um pouco de paciência, alcançarão o sucesso.

**Preparem-se como deuses.** Uma característica essencial do Tantra é a veneração do outro como se fosse um deus. Concentrem-se para fazer do ato sexual um encontro divino, como o de Shiva e Shakti, e sintam-se como dois autênticos deuses. Vista-se com um bonito manto, e cubra seu corpo de metais preciosos. O mais importante é que você se sinta como uma autêntica deusa do amor. Quando isso ocorrer, seu rosto vai se iluminar, e seu olhar, incendiar. Se for difícil entrar no papel de Shakti, você sempre pode pensar numa deusa mais próxima ou conhecida, como Afrodite.

**Acenda o desejo com metáforas.** Um dos truques orientais para despertar a chama da paixão de seu companheiro é inventar com ele uma linguagem cheia de belas metáforas, aplicando palavras da natureza a seus genitais e zonas erógenas. Uma diferença do Tantra em relação ao sexo comum é, precisamente, deixar de lado palavras grosseiras (como pinto ou xoxota) ou quase "técnicas" (como pênis e vulva) e usar bonitas terminações, carregadas de simbolismo, como estas que exponho a seguir.

| PARA VOCÊ | PARA ELE |
|---|---|
| Porta para o céu | Serpente do amor |
| Flor de lótus | Tronco do desejo |
| Coração do amor | Pássaro dourado |
| Doce flor | Cana-de-açúcar |
| Misteriosa curva | Dragão de fogo |
| Gruta dourada | Caminho do êxtase |
| Concha sedutora | Flauta mágica |
| Pérola preciosa | Banana curativa |
| Moranguinho açucarado | Espada do arco-íris |
| Melosa fenda | Ave Fênix |

## PREPARANDO O RITUAL EM DEZ PASSOS PARA O CLÍMAX

A pressa é inimiga do sexo de qualidade, ainda mais do sexo tântrico – este deve ser praticado numa atmosfera envolvente, cheia de sossego e romantismo. A ideia é que a sessão seja excitantemente comprida e prazerosa.

Proponho alguns passos para criar um ambiente tântrico:

1. **Escolha a hora propícia.** Os tântricos acreditam que o período entre meia-noite e três da madrugada seja muito energético, embora todos os momentos, com a atitude adequada, possam ser bons.

2. **Crie seu santuário.** Faça do local de amor um pequeno santuário. Lembre-se de que o sexo é sagrado para os tântricos. Cerque-o de velinhas, flores (símbolos do amor), alimentos afrodisíacos e vinho. É possível também dar um toque oriental com incenso.

3. **Purifiquem seus corpos.** Lavem-se um ao outro para que se purifiquem e preparem-se para o encontro. Esse gesto também simboliza a limpeza das preocupações cotidianas.

4. **Mostre-se como uma rainha.** Vista-se e enfeite-se como uma rainha, com tecidos e joias. Perfume-se e revele seu lado mais sedutor e sensual. Cubra seu rei com óleo e peça para ele fazer o mesmo no seu corpo, afinal, você é uma rainha. Assim, o casal se sentirá sexy e mutuamente adorado. Sussurre palavras bonitas ao ouvido dele.

5. **Brindes de amor.** Acenda velas e brinde com vinho. Ao mesmo tempo, você pode alimentar o amor de seu amante com algum dos manjares que tenha preparado.

6. **Nus.** Dispam-se lentamente, apreciando cada pequeno detalhe do corpo do amado; deleitem-se com esta visão. Adorem-se como deuses que são.

7. **Respirem e se acariciem.** Comecem por respirar em uníssono e por se acariciarem lenta e suavemente. Não perca os detalhes do corpo de seu amado. Sintam-se em profunda conexão.

8. **Beijem-se.** Depois das carícias, beijem-se por todo o corpo. Os doces néctares de seus lábios começarão a acender um fogo ardente em seus púbis.

9. **Escolham a posição.** Estimulem-se manualmente e escolham a posição que desejarem, mas de forma sossegada e mantendo a respiração. Deixem a energia fluir.

10. **Depois do clímax.** Para chegar a um êxtase mais gostoso, o Tantra aconselha que o ritmo seja freado cada vez que estiverem no ponto. Tentem e alcançarão o clima cósmico que estão esperando.

## Erotismo oriental

Se não sabem que tipo de práticas ou posições podem realizar em seus aposentos reais, vocês podem sair da rotina, não há problema nisso. Aqui apresento um amplo leque para que possam escolher.

**Corações conectados.** Um dos prelúdios mais belos antes de iniciar qualquer jogo sexual é conectar seus corações. Como? Sentem-se sobre seus calcanhares com as pernas dobradas (posição do diamante), nus, um de frente para o outro. Posicione suavemente uma mão no peito de seu companheiro e lhe dê a outra. Convide-o a fazer o mesmo. Inspire lenta e profundamente pelo nariz e expire pela boca, enquanto sentem os batimentos de seus corações no mesmo compasso. Você sentirá a força vital de seu companheiro e a sua própria, e como arde em desejo de se misturar com ele.

**Abraço celestial.** Essa é uma prática adequada para os momentos anteriores às carícias mais atrevidas. Minha amiga Cristina afirma que sua vida mudou graças a esse abraço. Antes, andava muito estressada. Agora, ela e seu companheiro começam sempre o dia com este bonito abraço e, dessa forma, se sentem capazes de começar a jornada de trabalho com o corpo relaxado e o ânimo positivo. Por isso eu digo: vale a pena adiantar um pouco o horário do despertador. Ajoelhem-se um de frente para o outro, sentados sobre os calcanhares. Aproxime-se até que seus joelhos toquem os dele. Incline-se para frente e esconda sua cabeça no colo do parceiro, olhando para um lado, e apoie as mãos sobre as coxas dele. Deixe que ele te envolva, encostando a bochecha num ponto intermediário de suas costas e te abraçando com as mãos pela parte inferior da coluna. De novo, enquanto se fundem neste abraço envolvente, respirem lentamente. Podem trocar as posições sempre que desejarem. E o melhor: o calorzinho do ar exalado pelos genitais é uma grande oportunidade de união.

**A barca do amor.** Se querem começar a subir a temperatura de seus abraços, recomendo que coloque em prática a barca do amor. Sentem-se onde quiserem, no chão ou na cama. Coloque-se sobre o sexo dele, abraçando o corpo dele com suas pernas, e comecem a se balançar para a frente e para trás. A respiração é muito importante. Ao se balançar para trás, inspire pelo nariz e, ao ir para a frente, expire pela boca. Faça essa respiração como se estivesse no meio do mar, numa onda.

**Beijos tântricos.** Existem beijos e beijos, e o Tantra nos recorda isso. Você e seu amante podem colocar em prática várias formas distintas de beijar.

- **Mordidas de amor.** Consiste em dar mordidas em seu amante como se vocês fossem tigre e tigresa, totalmente livres, no meio da selva, antes de copular.

- **Beijo labial.** É um dos beijos mais suaves e cândidos para um casal. Consiste, simplesmente, em colocar seus lábios em contato, sem chegar a abrir a boca.

- **Sopros.** Não é exatamente um beijo, mas também é muito estimulante. Consiste em soprar seu amante na boca e no pescoço, produzindo certas cócegas para deixá-lo um pouco nervoso...

- **Beijo de língua.** Neste caso, as línguas e os lábios se tocam. A suavidade do contato deste beijo lembra a suavidade dos genitais, cuja energia vai se despertando de forma progressiva e intensa.

- **Beijo de sucção.** Com seus lábios, tome o lábio superior e inferior de seu companheiro e sugue-os com uma suave pressão.

- **Beijo do *Kama Sutra*.** Se o desejo for por um beijo mais tórrido, aconselho que prove o do *Kama Sutra*, que simboliza a penetração do duro no brando. Introduza a ponta de sua língua nos lábios dele e, para criar contrastes com tão suave elemento, morda suavemente o lábio inferior. Convide seu companheiro a fazer o mesmo com você. Assim, enquanto misturam suas salivas como se se tratasse de um almiscarado néctar, virá à sua mente a imagem do pênis entrando em sua vagina. A imaginação que funde este beijo de adolescentes desperta um vívido desejo de que os genitais também se beijem.

## Jogos eróticos orientais

**Mordidas do javali.** Dos beijos, pouco a pouco, vamos subindo o nível de contato físico. No *Kama Sutra*, as mordidas são consideradas uma das melhores vias para acender as paixões adormecidas e garantem que o amor permaneça por mais de cem anos. Então, não se prive de mordiscar seu amante, sempre com suavidade, em todos os cantos de seu corpo (pescoço, mamilos, orelhas e virilhas são algumas áreas especialmente sensíveis). Fazendo isso, o instinto animal que está dentro de você despertará.

**A ameixa chinesa.** Incorporar alimentos afrodisíacos ou que possibilitam a brincadeira durante o *maithuna* também é permitido. Um desses jogos tradicionais é a ameixa chinesa, que consiste em elaborar um pequeno capuz para o membro de seu companheiro, utilizando uma ameixa, da qual você terá tirado o caroço previamente. Coloque-a sobre o pênis ereto e esprema um pouco até que ele fique todo impregnado do suco. Então, prove o sabor da fruta e deixe que ele te penetre envolvido pelo néctar.

**69 sagrado.** Sem dúvida, por mais frutas que vocês utilizem, nada é tão doce como misturar os jogos corporais – eles possuem, inclusive, poderes curativos. Para aproveitar ainda mais o 69, recomendo que o pratique numa posição elevada. Diga a seu amante que se sente no chão, com as pernas esticadas e as mãos colocadas um pouco para trás em relação ao seu corpo (se for necessário, pode utilizar o travesseiro). Você fica de pé, um pouco atrás da cabeça dele, e se inclina para frente, colocado as mãos no chão, junto com as coxas dele. Quando já estiver no ponto certo, comecem a se lamber. A sensação: estremecimento de prazer nos genitais.

## Use a imaginação para um clássico: papai e mamãe

O Tantra não aconselha esta posição porque Shiva esmaga o corpo de Shakti, mas reconhece que certas Shakti gostam de se sentir cobertas pelo corpo de Shiva. Se você é uma delas, não se aflija. O Tantra inclui certas variantes do papai e mamãe que podem ser colocadas em prática para se ter um sexo prazeroso, prolongado e orgástico. Aqui estão algumas dicas:

**Fogos unidos.** Para um ato sexual muito fogoso, deite-se com as pernas abertas e deixe que seu amante se coloque sobre você. Dessa forma, é possível experimentar ao mesmo tempo o poder da energia masculina do momento da penetração e despertar a parte feminina dele, pois, ao estar com as pernas abertas, a posição é habitualmente associada à mulher. A sensação: um fogo puro que te invade.

**O dragão.** Novamente deitada, de barriga para cima e com as pernas juntas, deixe que seu Shiva fique sobre você, também com as pernas unidas, e que te penetre. A sensação: uma unidade total que lhe convida a relaxar.

**Ponte do desejo.** Estirada, eleve um pouco seu quadril do chão ou da cama, deixando um espaço entre seu corpo e o chão, como se formasse uma pequena ponte. Coloque seus braços, abertos, ao redor da sua cabeça. Deixe que seu companheiro, que deve estar apoiado com seus fortes braços no chão como se fosse realizar flexões, te penetre. Essa pequena elevação permite contornar seu quadril e brincar com ele, deixando-o ainda mais excitado. Ele sentirá toda a energia masculina ao ter de exercer uma grande força com seus braços viris, e você se sentirá ainda mais feminina ao realizar suaves contornos com suas curvas. A sensação: liberdade de movimentos pélvicos, controle do ritmo e da posição (se ficar cansada, volte a deitar-se totalmente sobre o chão).

**Fetiche do pé.** Para os tântricos, o pé é um receptáculo de uma grande quantidade de energia de alta voltagem. Por que não utilizá-lo no *maithuna*? Deitada na posição papai e mamãe, dobre seus joelhos até chegar no peito. Deixe que seu amante te pegue pelos pés e os utilize como se fossem pequenos trampolins que o permitem se impulsionar melhor para as investidas em você. A sensação: uma profunda penetração, ao mesmo tempo que seus pés se estremecem.

**Montanha ou conexão pés-coração.** Aqui temos outra situação ligada aos pés. Na mesma posição, junte suas coxas e descarregue a forte energia sexual que tem nos pés e que até agora desconhecia, colocando-os no peito do seu companheiro, que se eleva sobre você. Faça suaves contornos com suas curvas femininas. A sensação: liberdade de movimentos pélvicos, controle do ritmo e da posição.

**Amor em flor.** O orgasmo costuma não depender das posições, mas sim da mente, de onde confluem uma mistura de sensações físicas, mentais e, no Tantra, espirituais. Por isso, mantendo a mesma posição do papai e mamãe, você sozinha pode elevar o ardor do sexo ao se concentrar em perceber a palpitante sensação de sua vulva, guiando-a até seu coração. A sensação: conexão e felicidade orgástica num novo ponto, o coração.

**O arco.** E falando em coração, deite e levante suas pernas. Segure os tornozelos, mostrando sua flor de lótus para ele, que ficará ajoelhado, próximo de você. Assim, formarão a bonita estampa de um arco. Deixe que o Cupido envie sua flecha e marque o alvo em sua misteriosa caverna. A sensação: êxtase absoluto.

## O PRAZER, DE LADO

**Divinas tesouras.** Coloque-se de lado e abra suas pernas como se fossem uma tesoura. De joelhos, seu amante deve aprisionar a perna de baixo e introduzir sua espada para liberar um "toma lá, dá cá" de metálicos clarões e eletrizante energia. Nesta posição, vocês poderão tentar que Shiva pressione seu *lingam* (pênis) e Shakti relaxe sua *yoni* (vulva). Repitam durante vários minutos esse pressionar e aflorar dos órgãos sexuais. Novamente, você pode exercer o controle de suas sensações, elevando ou baixando a perna que está para cima e experimentando o que acontece em sua suculenta estreiteza. Esta posição oferece incríveis ângulos de penetração.

**Cadeira de balanço.** De lado, coloque sua perna esquerda sobre seu amante numa posição que convide a se balançarem mutuamente e a dar doces beijos, trocando seus sucos salivares e genitais ao mesmo tempo.

**Descanso da colher.** Vocês devem adotar a posição básica da colher, que consiste em se colocar na posição fetal e convidar seu companheiro para ficar atrás de você na mesma posição. É conhecida como colher porque os dois corpos ficam enganchados de lado com a mesma perfeição que se encaixam duas colheres. Nesta posição, vocês vão se movendo, mas devem parar no momento antes de chegar ao orgasmo. Este é um exemplo de prazer cheio de agonia típico do Tantra que falei anteriormente. Quando estiverem parados, respirem e imaginem a energia que flui a partir de seus genitais acoplados, até chegar no peito e na cabeça. Voltem a se movimentar e parem novamente antes do orgasmo. E assim sucessivamente, até que não consigam mais e Shiva tenha que se derramar em você. Receba, assim, sua ardente essência. A sensação: de acoplamento total e grande orgasmo.

## Por trás

**Desfrutando da joia.** Shakti, deite-se de bruços, com as pernas juntas, e deixe que seu Shiva se deite sobre você, introduzindo sua joia. A penetração deve ser feita lentamente e, como nesta posição você fica com o pescoço vulnerável, se ele lembrar de mordê-la pode ser que você chegue mais rapidamente ao orgasmo. Isso acontece com muitas mulheres. A sensação: grande prazer, que deve ser aproveitado no momento de relaxamento.

**Paraíso de bruços.** Deite-se outra vez de bruços, juntando as pernas, e diga-lhe que se ajoelhe de pernas abertas em seu traseiro e que te penetre por trás. Se quiser, pode passar seus braços entre os antebraços dele para se impulsionar para frente, ao ritmo de suas investidas. A sensação: intenso deleite com a pressão que o clitóris exerce ao mover-se sobre a cama.

**Galopada na primavera.** Fique de quatro, com seu delicioso bumbum o mais elevado possível e mantenha sua cabeça baixa para conseguir observar como ele entra em você por trás. A sensação: uma visão excitante do contato de seus genitais e uma estimulação encantadora de seu ponto G.

## Posições de sonho

**Encontro suspenso.** As piruetas de ginástica não estão proibidas no sexo. Com um pouco de treinamento, você e seu par poderão reproduzir o famoso encontro suspenso que aparece em muitas esculturas tântricas. Apoie as costas na parede para se aguentar e deixe que ele, de pé e segurando seu corpo pelas nádegas, te penetre vigorosamente. É possível provar esta posição também ao contrário, deixando que ele apoie as costas na parede e você use seus pés para se impulsionar para frente e para trás. Na água, essa posição é muito mais fácil. Minha amiga Georgina me disse uma vez, com certo acanhamento, que já havia tentado numa praia escondida e que, desde então, esperava ansiosamente o verão para repetir. A sensação: ele se sente destacado como macho e você fica flutuando, como uma rainha.

***Sukhasana* ou posição de Shiva e Shakti.** Se a flexibilidade de ginasta não é sua praia ou se o homem estiver com alguma lesão nas costas, é possível optar por provar o mesmo encontro numa cadeira ou num sofá. Peça que ele se sente confortavelmente para que você suba nele. É possível permanecer suspensa, entrando e saindo de seu pênis à vontade, ou apoiar-se totalmente nele e apertar seus genitais até o ponto desejado. Essa posição é especialmente gostosa para você. O apertão contra os genitais dele te garante um orgasmo prolongado e intenso, ao mesmo tempo que vocês se sentem fortemente unidos pelo abraço que, sem dúvida, será dado.

**Carrinho de mão tântrico.** Fique de quatro, com os joelhos e os cotovelos no chão, e apoie sua bochecha nele. Proponha que seu companheiro lhe pegue pelos tornozelos, como se fosse um carrinho de mão, e se deleite com o efeito de poder que ele acreditará possuir sobre você, enquanto você se diverte com seus embates. A sensação: o discorrer da corrente sanguínea para baixo estimula pontos antes adormecidos e, novamente, seu ponto G.

## Caprichos dos deuses

Já comentei que a adoração do feminino é um dos fundamentos do Tantra. Agora proponho algumas posições que farão você se sentir como uma autêntica deusa dominadora e delirar com o prazer produzido pela adoração de seu amante. Ele, por sua vez, terá um papel submisso e passivo.

**A grande posição de Kali.** Shakti é também a deusa Kali ou deusa tântrica da paixão e do prazer sexual. Erguida, sentindo-se uma autêntica deusa, encoste-se em seu amante, que deve estar deitado de barriga para cima, à sua mercê, com as pernas um pouco dobradas e os pés apoiados na cama. Incline suas costas para trás, apoie suas mãos sobre os joelhos dele e aperte seu pênis com os músculos vaginais. Acredite no seu papel de mulher devoradora e aproveite como nunca, liberando desbocadamente sua energia, enquanto Shiva relaxa. Você ficará encantada com o movimento de seus seios em liberdade e a fantasia de ter o controle de uma deusa. É possível que tenha orgasmos múltiplos.

**Fusão universal.** Monte sobre Shiva, que deve estar deitado sobre a cama te esperando, e encoste suas mãos sobre as dele. Mova-se, com o pênis dentro de você, de acordo com o seu desejo, e tente manter a respiração no mesmo compasso. Com esta posição, o amor carnal se transforma numa via para a completa fusão física, psíquica, emocional e espiritual.

**O cavaleiro... e a amazona.** A mulher também tem direito a cavalgar. Deixe que seu companheiro fique sentado, apoiado sobre os braços, com as pernas estiradas e você fica por cima de seu membro, dando-lhe as costas e apoiando suas mãos no chão. Sinta-se livre para galopar. É possível realizar tanto os movimentos circulares quanto os de entrada e saída. A sensação: autêntico poder e liberação orgástica.

**Noite de reis.** Disponha-se a viver uma inesquecível noite de reis criando a atmosfera propícia. Use os lençóis mais bonitos, brilhantes e sedosos que tiver em casa e crie um trono real para acomodar seu *rajah* (rei). Cubra-se com uma colcha de cama que não corte o clima e deixe seu amante sentado na beirada da cama, com as pernas penduradas e apoiado numas almofadas que você terá colocado para que ele se recline nelas confortavelmente. Suba em cima dele, colocando cada um de seus joelhos ao lado de seu quadril e aproveite esta noite em que você é sua *rani* (rainha). É possível também colocar seus pés por cima dos ombros dele e abraçar seu quadril com os braços, movendo-se para frente e para trás ou, se for uma verdadeira atleta e se atrever a desafiar as leis da gravidade, pode fazer para cima e para baixo. A sensação: a estimulação simultânea do clitóris e mamilos numa posição confortável, sentada como uma rainha.

**A deusa suspensa.** Shiva se coloca de joelhos e Shakti, com a cabeça e os ombros no chão, coloca os pés sobre o pescoço de Shiva. Nesta posição invertida, as glândulas tireoides, endócrina e pituitária são beneficiadas. Há o aumento do fluxo sanguíneo e da circulação. A sensação: a mente fica facilmente em branco e o melhor de tudo é que Shakti rejuvenesce muito.

**A pirâmide.** A deusa Shakti senta-se sobre Shiva, abrindo as pernas e lhe dando as costas. Shiva sustenta suas coxas fortemente, de modo bem masculino, enquanto você pode se mover para frente e para trás. A sensação: o intenso calor que sentirá entre o peito e as costas, enfeitado pelo alento de seu Shiva.

## *Yab yum*, Tantra puro

Se agora você já está iniciada no Tantra, proponho que prove sua mais pura essência: o *yab yum*. É a posição tântrica mais clássica. É aquela em que o homem está sentado com as pernas cruzadas no chão e você se senta em seu colo, cercando-o com suas pernas e colocando os braços ao redor do pescoço dele. Ela não permite muitos movimentos, mas uma profunda penetração e uma grande estimulação do clitóris pelo contato direto com o corpo de seu amante, sentindo-se cheia da energia que emana de seu cetro e que percorre seus *chakras* até fazer com que você perca a cabeça. A sensação: estarem amorosamente entrelaçados e elevar a energia *kundalini* dos genitais ao coração e ao cérebro.

### Decálogo para se divertir com o *yab yum*

1. **Enquanto estiverem amorosamente enlaçados**, divirtam-se um com o outro. Podem se olhar nos olhos e se deleitarem, vendo seus corações por meio do olhar.

2. **Beijem-se** com paixão e se alimentem do doce néctar que emana de suas bocas.
3. **Balancem-se ternamente**, cuidando um do outro.
4. **Aproveitem** as carícias pelo corpo todo.
5. ***Yum* sem *yab***: permaneçam sentados um de frente para o outro, mas sem o cetro de luz dele em sua gruta secreta, e se massageiem docemente.
6. ***Yab yum* profundo**: monte suas pernas sobre os cotovelos de seu companheiro e enterre-o ainda mais dentro de você.
7. ***Yab yum* confortável**: sentem-se entre almofadas para ficarem mais confortáveis e relaxados.
8. ***Yab yum* entre massagens**: incline-se um pouco para trás, até alcançar as pernas dele e lhe dê um pouco de massagem com os dedos enquanto estiverem em fusão total.
9. **Tango *yab yum***: Tire suas pernas e estique-as, apoiando as mãos no chão atrás de você. Continue em fusão com seu companheiro, mas com os quadris livres para dançar um tango.
10. **Abraço tântrico do *yab yum***: Ainda unidos por seus genitais, entrelacem seus antebraços e os coloquem para trás o máximo que puderem. Levante-os, como se fossem fazer abdominais e voltem a cair de pouco em pouco. Estas flexões e seus corpos reclinados para trás propiciarão a fluidez sanguínea para suas cabeças, avivando o desenfreio e um intenso ardor genital.

# 11 Do que as mulheres realmente gostam?

Essa é a grande pergunta. Talvez você saiba bem, conheça seu corpo e como ativar o prazer de forma imediata. Mas, e ele? Você já explicou o que te faz estremecer e o que te deixa fria e indiferente, ou mesmo o que te desagrada?

Agora, talvez você até possa ser uma especialista na matéria, talvez você saiba enlouquecer seu homem com apenas um toque... mas, se quiser aproveitar um sexo apoteótico, é bom transformá-lo também em especialista.

Se ainda não começou a ensiná-lo, fique calma, este capítulo é para isso. Então, nada melhor do que oferecer essa leitura de presente ao seu parceiro! Vou contar tudo o que ele precisa saber para lhe agradar, para que conheça bem os cantinhos secretos... e faça com eles coisas incrivelmente obscenas e geniais.

Os homens também desejam nos enlouquecer de prazer na cama; contudo, com relação a alguns aspectos de nossa sexualidade, ainda não sabem como atuar. O caso de Felipe ilustra bem os pontos em que os homens, às vezes, se sentem desorientados com o papel sexual que devem adotar para dar prazer a uma mulher.

"Sempre me considerei um bom amante até que conheci Begoña. Ela chegou em minha vida por conta de uma dor de dentes... Ela é dentista e, apesar das circunstâncias de nosso primeiro encontro, quando a vi, pensei que era a mulher mais bonita, divertida e sexy que eu havia conhecido. Senti-me imediatamente atraído por ela. Com seu corpo inclinado para mim e sua camisa ligeiramente aberta, eu podia ver como sua lingerie se destacava... Ela não pareceu perceber. Mas na segunda visita – eu era o último paciente do dia – ela me convidou para tomar algo. Não podia acreditar na sorte que estava tendo. Falamos até nos expulsarem do bar e me ofereci para levá-la em casa. Quando chegamos em seu prédio, ela me empurrou contra a porta principal. Era sensual e direta. Convidou-me para entrar e tomar um café e logo incluiu um sorriso maroto: 'na verdade, não tenho café'. Beijamo-nos enquanto subíamos pelas escadas e quando chegamos na cama já estávamos quase completamente nus. Essa primeira noite foi genial. Ela controlou tudo e não me deixou fazer nada. Fez o melhor sexo oral da minha vida, e logo depois se colocou em cima de mim e fizemos um sexo selvagem. Tentei fazer alguma coisa um monte de vezes, para correspondê-la, mas ela me afastou e disse que queria me dar prazer.

"Pensei que tinha ganhado na loteria. Passamos a nos ver todas as noites e sempre era igual: ela se encarregava de tudo, pegava minhas mãos e as colocava onde queria. Um dia, fizemos na cadeira anatômica de seu consultório e me senti tão indefeso quanto quando obturava algum dente: eu devia ficar quieto com a boca aberta! Tentei correspondê-la, pois sempre gostei de sexo oral e queria masturbar Begoña, mas cada vez que tentava fazer isso, ela dizia que não e mudava de posição.

"Tentei explicar isso a meu amigo Juan, mas ele não entendia e dizia que eu devia agradecer por ter uma mulher com tanta iniciativa sexual e que, se eu a deixasse, ele ocuparia meu lugar com muito gosto. Pensei que ele talvez tivesse razão e que eu pudesse estar muito sensível. Contudo, logo isso se tornou um problema. Begoña controlava cada vez mais a situação e eu cada vez me sentia mais inseguro. Tinha medo de tomar a iniciativa e provar coisas novas porque sempre que eu tentava, me sentia rejeitado. Comecei a não aproveitar o sexo. Algo muito inusitado para mim! Sempre fazia o que ela queria e do jeito que ela queria. No final, comecei a me sentir como se eu não fosse importante e ela apenas utilizasse meu pênis para se dar prazer!

"Dois meses depois, ela me deixou porque seu ex-namorado pediu que voltassem. Confessou que eu não era suficientemente 'enérgico' na cama e que ela gostava de homens com 'mais iniciativa'. 'Mas você nunca me deixou fazer nada!' – pensei.

"Um pouco mais tarde, Silvia entrou na minha vida. Nos conhecemos na faculdade e nos reencontramos depois, em um jantar. Eu ainda estava um pouco machucado por conta de Begoña, mas quando Silvia insinuou que gostaria de vir à minha casa depois da festa, pensei que valia a pena voltar a tentar. E como foi diferente! Ao contrário de Begoña, Silvia era muito tímida na cama. Eu fazia coisas para ela imaginando que, em algum momento, ela fosse me deter, mas não... Ficamos juntos nesta noite e na manhã seguinte voltamos a ficar juntos. No começo, fiquei muito feliz. Depois da experiência com Begoña, sentia mais insegurança e não parava de lhe perguntar: 'Que tal isto? Você gosta assim?'. Parecia que eu era um pouco imbecil perguntando tudo, mas não conseguia evitar; tinha medo de me deixar levar, tinha medo de que Silvia não estivesse gostando.

"Numa noite, ela confessou que me achava muito bom na cama e que não era necessário ficar perguntando quando eu quisesse fazer algo diferente. Disse que nunca tinha tido tantos orgasmos na sua vida, mas que minhas incessantes perguntas a inquietavam. Silvia pediu que eu relaxasse.

"E eu fiz isso. Com Silvia, recuperei minha confiança e, cada vez que ela gemia ou tinha um orgasmo, sentia-me um pouco melhor. Às vezes, ainda me preocupo e penso que deveria ser mais enérgico ou me angustiar menos. Seria maravilhoso conseguir um equilíbrio entre os dois extremos. Acredito que as meninas não são conscientes do impacto que podem ter na autoestima de um garoto. Depois de Begoña, fiquei infeliz e pensei que jamais poderia ter uma boa transa novamente. Questionava tudo. Mas Silvia me ajudou a ficar um pouco melhor. Terminamos e agora não tenho ninguém. Ainda continuo buscando a mulher ideal, mas sei que quando ela aparecer teremos uma vida sexual fantástica e que poderei relaxar e me deixar levar."

*Felipe, 32 anos*

## Descubra seus cantinhos secretos

Esta seção é uma aula magistral para homens, um curso de pós-graduação especializado para que possa, por exemplo, realizar o melhor cunilíngua ou descobrir seus pontos mais sensíveis.

Em primeiro lugar, não interprete como um insulto o fato de sua amante ter colocado este capítulo diante de seu nariz. Você é genial na cama, pois do contrário: a) ela não dormiria com você e b) ela não te daria este capítulo porque acharia que você não iria entender.

### Monte pubiano

Trata-se de uma área de tecido gorduroso que cobre o osso púbico e o protege durante o ato sexual.

- **Você a deixará louca se...** acariciar o pelo com suavidade antes de iniciar a penetração ou o sexo oral. Além disso, é uma boa forma de afastar os pelinhos soltos para que não entrem em sua boca.
- **Não deve...** arrancar os pelos com força. É algo que desagrada muito as mulheres.

### Grandes lábios

Normalmente estão cobertos de pelo púbico, a menos que raspe ou depile. Estão compostos de tecido erétil (como o pênis) e incham quando a mulher está excitada. Possuem muitas terminações nervosas, iguais às do clitóris e são muito sensíveis ao tato. A maioria dos homens não sabe disso.

- **Você a deixará louca se...** delicadamente beliscar com o polegar e o indicador de ambas as mãos, percorrendo-os simultaneamente ou lambendo-os de cima para baixo.
- **Não deve...** tocá-los com força demais ou bater neles.

### Pequenos lábios

Unem-se na parte superior da vagina para formar uma capota sobre o clitóris, do mesmo modo que o prepúcio cobre a ponta do pênis. Estes lábios não têm pelos e estão cobertos de algumas terminações que os fazem explosivamente sensíveis. Também são "eréteis" e, quando a mulher está excitada, ficam com um aspecto mais inchado e escuro.

O aspecto dos pequenos lábios varia muito de mulher para mulher. Alguns ficam muito escondidos e outros pendurados por debaixo dos grandes lábios. De qualquer modo, o tamanho não afeta a sensibilidade e os pequenos lábios são tão sensíveis como os grandes, ainda que mais difíceis de encontrar.

- **Você a deixará louca se...** lambê-los suavemente, beijá-los e chupá-los. São muito sensíveis à língua e aos dedos... Muito, muito, muito sensíveis.
- **Não deve...** mordê-los com os dentes. É muito desagradável!

## Clitóris

Ainda que abranja toda a zona genital, apenas sua ponta (conhecida como "glande" ou "clito") é visível. Possui uma capota por cima, como o prepúcio, e é incrivelmente sensível. Imagine que é a ponta de seu pênis e faça o que gostaria que fosse feito em você. É formado de tecido erétil, o que significa que incha e endurece quando a mulher está excitada. Da mesma forma que acontece com o membro masculino, os clitóris têm tamanhos muito diferentes. Alguns são grandes e sobressaem da vagina cerca de dois centímetros. Para a maioria das mulheres, a estimulação direta sobre o clitóris é muito intensa, a menos que estejam muito excitadas. Pode ficar muito dolorido se receber demasiada atenção, da mesma forma que a ponta do pênis.

- **Você a deixará louca se...** estimulá-lo suavemente, lambê-lo, chupá-lo e tocá-lo delicadamente com as pontas dos dedos.
- **Não deve...** mordê-lo com força e esfregá-lo quando estiver dolorido.

## Abertura uretral

Muito sensível ao tato. Algumas mulheres podem ter um orgasmo com a estimulação da abertura uretral, e por isso ela é chamada de "ponto U". A uretra passa paralela à parede anterior da vagina e está cercada de uma massa de tecido esponjoso erétil, que funciona como uma espécie de isolante natural. É possível apalpá-la e estimulá-la pela parede anterior da vagina. Algumas mulheres podem chegar à expulsão de fluido pela uretra (ou ejaculação feminina). O corpo esponjoso uretral e suas glândulas são análogos à próstata masculina.

- **Você a deixará louca se...** lambê-la ou beijá-la.
- **Não deve...** introduzir algo.

## Vagina

Quando está "em repouso", a vagina mede cerca de sete centímetros e é plana (como um globo desinchado). Contudo, quando está excitada se alarga e abre para que o pênis possa penetrá-la. É um canal cheio de pregas. Suas paredes são feitas de membrana mucosa e têm uma longitude aproximada de oito centímetros, que caminham na direção das costas em um ângulo de 45º. Mas quando esta área está excitada, pode chegar a duplicar sua longitude e volume. Está coberta de músculos e terminações nervosas, sobretudo na parte inferior, e costuma inchar e endurecer durante a excitação. A parte superior desta área, de tato esponjoso, é o que se conhece como corpo esponjoso uretral (ou ponto G), que está do outro lado da vagina. A vagina produz uma secreção durante a excitação sexual destinada a proporcionar lubrificação, que contribui para equilibrar o grau de acidez a fim de evitar possíveis infecções. Também chamada de "porta do paraíso", a abertura vaginal normalmente estará fechada, a menos que a mulher esteja muito excitada. O inchaço dos lábios contribuirá para que se abra. A abertura da vagina e os cinco primeiros centímetros de seu interior são áreas extremamente sensíveis. Estão cheias de terminações nervosas que reagem ao tato.

- **Você a deixará louca se...** beijar, chupar e colocar os dedos e a língua nesta abertura.
- **Não deve...** acariciar com as unhas afiadas, soprar em seu interior (é perigoso) e abri-la muito com o punho ou com brinquedos sexuais.

## Períneo

Um pedaço de pele lisa entre a vagina e o ânus. Assim como o seu, é muito sensível ao tato.

- **Você a deixará louca se...** massagear com a ponta dos dedos, chupar e beijar essa área.
- **Não deve...** picar ou cravar as unhas ou outros objetos.

## Ânus

Trata-se da abertura até o reto e normalmente está fechado. Deveria conhecê-lo bem, uma vez que você também tem um.

- **Você a deixará louca se...** lamber e tocar suavemente a área. Isso varia de mulher para mulher, mas essas opção são seguramente as mais acertadas. Depois, você pode provar introduzir um dedo bem lubrificado, em seguida, dois, em seguida...
- **Não deve...** tocá-lo se ela estiver com paranoia de que não esteja limpo.

## Colo do útero ou cérvix

É o colo da matriz ou a passagem entre o útero e a vagina. É muito fechado e normalmente coberto de uma mucosidade espessa para evitar que as infecções passem para a matriz. Durante a ovulação (alguns dias do mês que compõem o período fértil da mulher) esta mucosidade varia de consistência e é um pouco menos espessa para que o esperma possa penetrar com maior facilidade. Normalmente, dá para senti-lo quando se faz amor; é como um pedaço de cartilagem dura e muito excitante.

- **Você a deixará louca se...** tocá-los com os dedos ou com o pênis. Algumas adoram e outras odeiam; ou seja, tenha cuidado.
- **Não deve...** fazer nada que ela não goste caso o toque seja incômodo nessa área.

## Ponto G

Em algumas mulheres, existe uma área na parte frontal da parede vaginal, escondida atrás do clitóris, muito sensível, que, ao ser estimulada, produz um grande prazer. É conhecida como "ponto G". Os que a encontraram dizem que tem o tamanho de uma moeda e que é um pouco mais liso e suave ao tato do que o resto da parede vaginal. A estimulação do ponto G pode levar à ejaculação feminina, momento no qual se secreta um fluido incolor pouco espesso. Para estimular o ponto G, é necessário exercer pressão em cima da uretra. Introduza o dedo uns quatro centímetros vagina acima e exerça pressão com as pontas contra a parede anterior da vagina. Diferentemente das outras paredes vaginais, que costumam ser lisas, esta tem um tato irregular e rugoso. O objetivo é uma penetração pouco profunda na direção de cima do umbigo.

- **Você a deixará louca se...** esfregar esse ponto em círculos com a ponta dos dedos e/ou com o pênis.
- **Não deve...** empurrá-lo com muita força.

### Hélice

São os extremos dos lados do clitóris que cobrem o interior dos lábios. Muito sensíveis.

- **Você a deixará louca se...** esfregar e acariciar, massageando-o com os lábios.
- **Não deve...** ignorá-lo.

## O CUNILÍNGUA PERFEITO

Agora que já obteve seu certificado acadêmico em ginecologia, seguiremos com algumas recomendações para que aplique seu conhecimento com perfeição.

A maioria das mulheres não pode chegar ao orgasmo apenas com a penetração, sem nenhum tipo de estímulo a mais. A razão é muito simples: a maioria das posições sexuais não estimula as partes do corpo que nos conduzem ao orgasmo – o clitóris e, às vezes, o ponto G.

Contudo, o sexo oral e as mãos (a masturbação) são geradores de orgasmos de primeira. Dessa forma, vale a pena saber fazer bem. Siga com atenção os seguintes passos e não errará.

**1. Preâmbulos de prazer.** Não vá direto aos finalmentes. Demoramos bastante para nos excitar e, de fato, não gostamos que nos toquem na parte de baixo antes de estarmos excitadas. O que indica que uma mulher está verdadeiramente excitada é o inchaço dos lábios, a ereção do clitóris e a abertura da vagina. Como você pode provocar tudo isso? Beijando e estimulando. Beijar é o mais efetivo. Não existe nada que nos excite mais rápido, mas tem de beijar bem. Comece beijando-a devagar, com a boca fechada, e continue deslizando a língua por seus lábios até beijá-los de forma profunda. Enquanto isso, acaricie a parte posterior do pescoço com as mãos e dê beijinhos por debaixo da mandíbula até a nuca.

Depois, acaricie seus peitos. Os mamilos são muito sensíveis, mas não o belisque como se estivesse sintonizando o rádio. Acaricie-os suavemente para cima e para baixo com a palma da mão, e continue da parte inferior dos mamilos até o ponto em que os peitos se unem ao torso. Ficarão tão quentes que se derreterão em suas mãos. Prove beijá-los, lambendo-os de cima para baixo com a língua úmida e plana. É um incômodo se forem chupados com muita força; comece suavemente e tente mordê-los para brincar. Em seguida, aumente a intensidade gradualmente.

Quanto tempo deve continuar estimulando-a? Tanto quanto puder, ou ao menos até que ele comece a se retorcer e a abrir as pernas para indicar que deseja que vá mais para baixo.

**2. Carícias intensas.** Percorra a barriga suavemente com a ponta dos dedos até que cheguem à calcinha ou suba pelas coxas e continue o caminho até a zona púbica. As duas coisas são geniais. O que nunca deve fazer é ir diretamente à vagina ou ao clitóris. Toque tudo menos essa parte e a deixará tão excitada que qualquer coisa que faça depois parecerá perfeito para ela. Procure tocá-la de forma que, no fim, seja um alívio maravilhoso.

Depois, assegure-se de que ela esteja deitada de barriga para cima, ajoelhe-se entre as pernas dela e tire sua calcinha. Em seguida, beije-a por todas as partes menos na vagina: percorra o interior das coxas e a área dos lábios maiores com a língua e lamba seu períneo.

**3. Abertura.** Coloque as mãos na parte interior de ambas as coxas e utilize os polegares para abri-la. Acaricie o clitóris suavemente com a ponta da língua. Não enfie e tire a língua; limite-se a lamber. Deixe a boca com mais saliva (imagine que tenha um chiclete para gerar mais saliva) e coloque os lábios sobre todo o clitóris.

## Técnicas avançadas

1. **O abecedário.** Quem me ensinou esta técnica foi uma amiga minha filóloga (não é piada!), e é impressionante. Com os polegares segurando suavemente os lábios vaginais, use a ponta da língua para começar a desenhar o abecedário sobre o clitóris: A, B, C etc. Desta forma, a estimulará de muitas maneiras porque nunca a lamberá da mesma forma. Tente combinar diferentes letras ou símbolos, mas o abecedário é um recurso bem fácil.

2. **Com a ponta dos dedos.** Enfie apenas a ponta do indicador em sua vagina. Apenas a pontinha. Em seguida, faça movimentos em círculos. Não sabe o quanto ela te agradecerá. Todas as terminações nervosas mais sensíveis estão ali, exceto o ponto G. E finalmente...

3. **Combine a língua com os dedos.** Pode fazê-lo das seguintes formas:
   - Coloque os polegares em ambos os lados do clitóris e mova-os, formando círculos enquanto o lambe.
   - Lamba a vagina enquanto esfrega o clitóris com o nariz em círculos.
   - Abra os lábios com o indicador e o coração da mão esquerda e esfregue em ambos os lados do clitóris, formando círculos com os mesmos dedos da mão direita. Lamba o clitóris.

4. **Até o orgasmo.** Quando ela estiver muito excitada, pode passar a um dos seguintes movimentos. Se ela não estiver, nem tente!
   - Coloque todo o clitóris na boca, chupe-o e passe a língua por cima enquanto penetra a vagina com o polegar.
   - Com a língua em forma de cilindro, cerque o clitóris. Mova-a para frente e para trás. De fato, sua língua estará fazendo algo similar ao que a vagina dela faz ao seu pênis. Ficará encantada.

5. **Volte ao começo.** Já sabemos que as mulheres são muito diferentes dos homens, mas a melhor diferença (para nós, mulheres) é que podemos ter um orgasmo atrás do outro. Portanto, depois do primeiro orgasmo, não há por que parar.

## Como encontrar o ponto G da mulher

O ponto G está na parede frontal da vagina, ou seja, na parede mais próxima do ventre. Imagine que está justamente debaixo de seu clitóris.

Faça com que sua companheira se deite de barriga para cima. Ajoelhe-se entre suas pernas. Com a palma da mão para cima, enfie os dedos na vagina, até o primeiro nó. Em seguida, mova os dedos para você, como se estivesse fazendo sinal para que alguém se aproxime. Agora você está tocando a parede frontal. Com um pouco de destreza, encontrará uma saliência diferente, do tamanho de uma moeda. Esse é o ponto G dela. Quando o tiver encontrado, pressione suavemente com as pontas dos dedos e, em seguida, comece a movê-los em círculos, suavemente. Pergunte-lhe se está gostando.

Agora, enquanto uma mão continua com essa massagem em forma de círculos, coloque a outra sobre o clitóris. Pressione ambos os lados e coloque a língua diretamente sobre a ponta do clitóris com muita suavidade. Deixe que seus gemidos te guiem. Com ambas as mãos concentradas diretamente sobre seus pontos quentes, ela chegará a um orgasmo. Pode demorar um pouco, mas você deve persistir.

## A ejaculação feminina

Algumas mulheres ejaculam graças à estimulação do clitóris ou do ponto G. No momento do orgasmo, as paredes vaginais se contraem e um fluido transparente é liberado por meio da uretra, mas não é urina. Se a mulher consegue ejacular, significa que foi estimulada até chegar a níveis celestiais. Um orgasmo como esse normalmente é muito profundo, como se as paredes vaginais fossem empurradas para fora. É alucinante.

## Mais técnicas

**Prazer mentolado.** Não é verdade que, ao chupar uma bala de menta, sentimos um formigamento na boca? Na vagina ocorre exatamente o mesmo. Coloque uma bala dessas na boca e chupe até ficar com uma forma suave e redonda, depois esfregue-a sobre o clitóris e a vagina. Assegure-se de que ela esteja molhada para que a bala deslize com suavidade. Em seguida, sopre suavemente; o ar esfriará a área e ela ficará maravilhada quando sentir você esquentando com sua língua. Se é ruim para você a sensação pegajosa do contato da bala, chupe uma e, em seguida, lamba sua amante com sua saliva mentolada. Não é tão espetacular, mas continua sendo muito bom. Claro que a pasta de dentes ou o enxaguante bucal têm o mesmo efeito.

**Explorando o ponto G e o prazer anal.** A vagina divide uma parede com o reto. Esta parede está, mais ou menos, no lado oposto ao ponto G. De maneira que é possível alternar a estimulação do ponto G com a pressão nos nervos que divide com o lado anal. Enfie e dobre o dedo para tocar o ponto G e, em seguida, gire a mão para tocar justamente o lado oposto. No começo talvez ela não goste, é preciso que ela esteja muito excitada antes de qualquer coisa. Alterne os seguintes movimentos: quando estiver no ponto G, faça uma massagem em pequenos círculos; quando estiver na outra parede, mova o dedo para cima e para baixo.

**O coito lingual.** A maioria das terminações nervosas vaginais se encontra ao redor da abertura da vagina e nos primeiros centímetros de seu interior. Introduza a língua na vagina estimulando essa área. As técnicas são bastante limitadas por causa da longitude da língua, mas tente movê-la enfiando, tirando e girando-a em círculos em seu interior.

**Linguetaços (superlíngua, lingueta, lingueirão).** Abra os lábios vaginais com os dedos. Ao redor do clitóris, enfie e tire a língua suavemente. Algumas mulheres ficam loucas com isso. Comece devagar se ainda não sabe como ela gosta. Depois, prove chupar seu clitóris e a vagina com a língua molhada e plana. Imagine que está chupando um sorvete que está derretendo. É ótimo, sobretudo quando se mistura com outros movimentos clitoridianos mais específicos, como os explicados anteriormente.

**Carrossel.** Com a ponta da língua, tente desenhar círculos ao redor da base do clitóris, vagarosamente. Se variar a velocidade, submetendo-a a várias ondas de prazer, e ir sempre aumentando a velocidade, os resultados não te decepcionarão. Gire e gire até que ela chegue ao orgasmo.